dtv

W0461312

Was ist das MAI, und was geht es uns an? Seit 1995 wird das Multilaterale Abkommen über Investitionen unter Federführung der OECD, der Organisation für wirtschaftliche Zusammenarbeit, verhandelt. In diesem Abkommen sollen gegenüber den Regierungen der Beitrittsländer zahlreiche Rechte der ausländischen Investoren festgeschrieben werden. Es geht um Wirtschaftsgüter jeglicher Art, auch um Urheberrechte und künstlerische Erzeugnisse. Jede politische Maßnahme, die gewinnmindernd wirkt, etwa Gesetze zum Schutz der Umwelt oder der Verbraucher oder Regelungen zum Schutz der Arbeitnehmer, kann die ausländischen Investoren zu Schadensersatzklagen vor einer internationalen Schiedsstelle berechtigen. Die Investoren werden auf keinen sozialen und ökologischen Mindeststandard verbindlich festgelegt. Die Mitgliedschaft kann frühestens nach fünf Jahren gekündigt werden, die vertraglichen Verpflichtungen gelten für weitere 15 Jahre. Die betroffene Regierung gibt also einen wichtigen Teil ihrer Hoheitsrechte auf. Vordergründig geht es um Arbeitsplätze, in Wirklichkeit um Gewinninteressen, hinter denen das Gemeinwohl der jeweiligen Länder zurückzustehen hat. Inzwischen sind national und international massive Proteste geäußert worden. Parteien, Verbände und Interessenvertreter aller Art fordern die ausführliche Diskussion der Inhalte, bevor die Bundesregierung eine Entscheidung über den Beitritt trifft.

Das MAI und die Herrschaft der Konzerne

Die Veränderung der Welt durch das Multilaterale Abkommen über Investitionen

Herausgegeben von Fritz R. Glunk

Deutscher Taschenbuch Verlag

Originalausgabe
November 1998
© 1998 Deutscher Taschenbuch Verlag GmbH & Co. KG,
München
Alle Rechte vorbehalten
Umschlagkonzept: Balk & Brumshagen
Umschlagfoto: © Kazuya Shimizu (photonica/ G+I Fotoservice)
Satz und Gestaltung: Hartmut Czauderna,
Gräfelfing
Gesetzt aus der 10,2/13· Stempel Garamond
auf Apple Macintosh QuarkXPress
Druck und Bindung: C. H. Beck'sche Buchdruckerei,
Nördlingen
Gedruckt auf säurefreiem, chlorfrei gebleichtem Papier
Printed in Germany · ISBN 3-423-36132-8

Inhalt

Historische Einführung
Von Peter Cornelius Mayer-Tasch
7

Multilaterales Abkommen über Investitionen
Arbeitsübersetzung des konsolidierten Textes
(Stand: 24. April 1998)
13

Eine kritische Kommentierung des Multilateralen Abkommens über Investitionen
Von Kurt-Peter Merk
129

Ein neues Grundgesetz einer einheitlichen globalen Wirtschaft?
Von Sigrid Skarpelis-Sperk
159

Das MAI und die Demokratie
Von John R. Saul
191

Herausgeber und Autoren
200

Glossar
202

PETER CORNELIUS MAYER-TASCH

Historische Einführung

Wer meint, auf die Unaufhaltsamkeit und Vernünftigkeit der biologischen und kulturellen Evolution vertrauen zu können, wird die althergebrachte Weisheit, daß »nichts Neues unter der Sonne« existiere, nur mit erheblichen Vorbehalten akzeptieren können. Daß uns Geschichte zumindest innerhalb der von uns überschaubaren Zeiträume – und die vergleichsweise wohldokumentierte politische Geschichte der letzten 2500 Jahre *ist* solch ein überschaubarer Zeitraum – dennoch Lehrmeisterin sein kann, ist unabweisbar. Ihre Stimme (so man sie denn zu vernehmen und zu verstehen vermag) zu mißachten, hieße verhängnisvolle Risiken einzugehen. Für die nach langer Geheimniskrämerei nun endlich offen geführte Diskussion über das bei der OECD in Vorbereitung befindliche »Multilateral Agreement on Investment« (MAI) gilt diese Prämisse nicht minder als für andere Problemfelder auch. Dem Blick in die Vergangenheit mag jedoch ein Blick auf die Gegenwart vorausgehen.

Was heute auf dem Spiel steht, sind die trotz mannigfacher inter- und transnationaler Verflechtungen verbleibenden (Rest-)Potentiale staatlicher Souveränität. Was auf dem Spiel steht, sind die – wenn auch noch so löchrigen – Modalitäten unserer volks- und sozialstaatlichen Partizipationskultur. Und was ebenfalls auf dem Spiel steht, sind unsere zwar defizitären, aber eben doch einen Minimalschutz gewährenden umweltrechtlichen und umweltpolitischen Status-quo- und Status-ad-quem-Perspektiven.

Auf dem Spiel steht all dies, weil der im Sog der Globalisierung immer verzweifeltere Formen annehmende Versuch der Nationalstaaten, um beinahe jeden Preis alte Arbeitsplätze im Land zu halten und neue Arbeitsplätze ins Land zu holen, den national operierenden Unternehmen gewerbliche Kaperbriefe zu bescheren droht. Die auf der Jagd nach optimalen Standortfaktoren befindlichen »Global Players« werden so in die Lage versetzt, in einem Divide-et-impera-Spiel die Bedingungen ihrer ach so segensreichen Präsenz derart hochzuschrauben, daß die Nationalstaaten in die Gefahr geraten, ihre konstitutionellen Wertverwirklichungs- und Fürsorgepflichten sträflich zu vernachlässigen: Picking up oranges, they are dropping apples, um auf ein amerikanisches Sprichwort zu verweisen.

Als Trojanisches Pferd vom Dienst präsentiert sich in diesem Kontext nun das MAI. Daß transnational agierende Unternehmen jeglicher Größenordnung das Bedürfnis haben, ihre Investitionen gegenüber möglicher Staatswillkür abzusichern, ist ein Ding. Ein ganz anderes Ding ist es jedoch, wenn aus dem schutzbedürftigen Mäuschen eine sprungbereite Großkatze wird, die nun ihrerseits mit wahlpolitisch hilfsbedürftigen Regierungen Katz und Maus spielt. Da das Volumen der transnational vorgenommenen Investitionen sich im letzten Vierteljahrhundert um etwa das 25fache gesteigert hat, wuchs verständlicherweise auch der Bedarf an Investitionsschutzmaßnahmen. Bislang versuchten die staatlichen und nichtstaatlichen Wegbereiter einer neuen Weltwirtschaftsordnung, diesen Bedarf durch bilaterale Investitionsschutzabkommen zu befriedigen. Der nächste Schritt zu einem multilateralen Investitionsschutzabkommen schien nicht nur vorprogrammiert, sondern auch konsequent. Der auf dem Forum der – vom Investitionsaustausch zu ca. 90 % betroffenen – OECD-Länder fabrizierte Entwurf droht nun allerdings den sich allzu breit öffnenden Schutzschirm für die transnationalen Investoren zu einer Traufe für die staatliche Wertverwirklichungskraft werden zu lassen. Die Kritik, die dieser Entwurf am 28. April 1998 bei der Vorlage im Ministerrat der OECD erfuhr, wie auch der sich nun rasch ausbreitende öffentliche Protest, verspricht eine Atempause und damit auch die Besinnung auf die Eigentlichkeit und Wesentlichkeit des dem Nationalstaat ins Haus Stehenden. Besonders deutlich erschließt sich dies aus einer historischen Perspektive.

Die Grundlagen der modernen Staatlichkeit formten sich in Europa vor dem Hintergrund der konfessionellen Bürgerkriege des 16. und 17. Jahrhunderts. Besiegelt wurde der Übergang vom personal geprägten Feudal- und Ständestaat zum territorial geprägten Flächenstaat im Frieden von Münster und Osnabrück von 1648 durch die Zuerkennung der territorialen Oberhoheit und des Bündnisrechtes an die Reichsfürsten. In der Politischen Philosophie wurde dieser Prozeß der Staatswerdung von Denkern wie Niccolò Machiavelli (1469–1527), Jean Bodin (1530–1596), Thomas Hobbes (1588–1679) und Jean-Jacques Rousseau (1712–1778) vorbereitet und begleitet. Zum eigentlichen Schöpfer des Souveränitätsbegriffes moderner Prägung wurde der französische Jurist Jean Bodin. In den Wirren der Hugenottenkriege bemühte er sich um die rechtlich-politische Fundierung einer friedengewährenden Zentralgewalt, die dem blutigen Ringen der Konfessionen um Vorherrschaft im Lande eine Ende bereiten könnte. Er fand sie in der »summa in cives ac subditos legibusque soluta potestas« – in der »höchsten, über den Gesetzen stehenden« Oberhoheit des Staates also, in der inneren und äußeren Souveränität, die alle intermediären Gewalten (und damit auch die Religionsgemeinschaften) mit Fug und Recht in ihre Schranken weisen sollte –, ein Auftrag, der ja dann in Frankreich auch spätestens mit dem Regierungsantritt Heinrichs IV. konsequent erfüllt wurde. Der Engländer Thomas Hobbes griff diese Idee Mitte des 17. Jahrhunderts auf, präzisierte aber zugleich auch, daß er damit nicht zuletzt das soziopolitische Chaotisierungspotential der Korporationen bändigen wollte, die er im 20. Kapitel des »Leviathan« von 1651 als »Würmer in den Eingeweiden des Staates« apostrophierte.

Sowohl Bodin als auch Hobbes fühlten, dachten und schrieben aus der konkreten Situation des konfessionellen Bürgerkrieges heraus, zu dessen Eindämmung sie eine nahezu unumschränkte Staatshoheit propagieren zu müssen glaubten. Insofern mag man versucht sein, ihre ordnungslegitimistisch geprägten Positionen als historisch bedingt abzutun. Auch der nicht mehr aus der Situation des Bürgerkrieges heraus argumentierende Jean-Jacques Rousseau knüpft jedoch an diesen frühneuzeitlichen Antikorporativismus an. Dies nun allerdings nicht unter Bezugnahme auf den Aspekt der Ordnungslegitimität, sondern vielmehr aus prononcierter Sorge um die Wahrung des Gemeinwohls. Alles, was die gesellschaftliche Einheit zerreiße, sei wertlos, heißt es im »Contrat Social«. Im Staate solle es möglichst keine »besonderen Gesellschaften« geben. Könne man sie aber nicht verhindern, so müsse die Verfälschung der volonté générale durch Gruppeninteressen wenigstens durch die Vermehrung dieser Gruppen entschärft werden. Wie Hobbes und Bodin hegt auch Rousseau aufgrund mannigfacher Erfahrungen ein tiefgründiges Mißtrauen wider »Staaten im Staate«. Den »besonderen Gesellschaften« ihren Lauf zu lassen hieße auch für ihn, die Eingeweide des Staates von Würmern zerfressen zu lassen.

Allen philosophischen Gründervätern moderner Staatlichkeit ging es mithin – wenn auch aus unterschiedlichen Blickwinkeln – bei ihrer antikorporativen Haltung um die Sicherung jener Souveränität, die dann vor allem auch für die Wende vom 18. zum 19. Jahrhundert heraufkommenden Nationalstaaten so wichtig werden sollte. Und als die europäischen Staaten im 20. Jahrhundert nach zwei Weltkriegen darangingen, den »Friedhof Europa« (George Sorel) mit Hilfe transnationaler Zusammenschlüsse in ein Friedensparadies zu verwandeln, entsprach jedem mehr oder minder wohlbedachten Schritt der Aufgabe staatlicher Souveränitätsrechte ein Schritt des Aufbaus zwischenstaatlicher Instanzen, die sich zumindest darum bemühten, bislang ausschließlich staatliche Aufgaben effizienter zu erfüllen, als dies die einzelnen Mitgliedstaaten zu tun vermochten. Und wenn auch im Hinblick auf manche Transferbereiche sehr fraglich sein mochte, ob die bislang ausschließlich staatlichen Aufgaben durch zwischenstaatliche Instanzen effizienter wahrgenommen werden können, so handelte es sich bei den Übertragungen staatlicher Hoheitsrechte nie um bloße Akte staatspolitischer Regression. Einen solchen Akt staats- und verfassungsgeschichtlicher Regression aber würde ohne jeden Zweifel die Verabschiedung des MAI in der im April vorgelegten Entwurfsfassung bedeuten. Multinationale Unternehmen, denen in diesem Abkommen Sonderrechte bis hin zu einer One-way-

Klagebefugnis gegen umwelt- und sozialrechtliche »Investitionshindernisse« eingeräumt würden, könnten bei einer forschen Inanspruchnahme solcher Rechte tatsächlich zu jenen »Würmern in den Eingeweiden des Staates« werden, von denen Thomas Hobbes spricht. Sie würden zu intermediären Gewalten, die den staatspolitischen Handlungsspielraum gerade in so zentral bedeutsamen Politikbereichen wie dem Sozial- und Umweltsektor weitgehend lähmen könnten. Hinzu kommt noch als politischer Risikofaktor das Problem der potentiellen Ungleichbehandlung der großen und der kleinen Fische im Nährteich der Ökonomie, was zu unübersehbaren Gefährdungen des inneren Friedens und darüber hinaus auch zur prononcierten Spaltung des soziokulturellen Selbstbewußtseins der Signatarstaaten führen könnte – ganz so wie auch die Dauerintervention der christlichen Religionsgemeinschaften vor der rechtlich-politischen Etablierung des Souveränitätspinzips gleich einem »rocher de bronze« (Friedrich Wilhelm I.) zu schwerwiegenden Störungen des inneren Friedens und schließlich zum konfessionellen Bürgerkrieg geführt hatten. In Zeiten, in denen sich die privaten und öffentlichen Gebete eher an das Goldene Kalb als zum Himmel richten, wäre die Sprengkraft derartiger sozialer Verwerfungen kaum geringer einzuschätzen als in jenen Gründerzeiten der modernen Staatlichkeit, von denen hier die Rede war. Die Folge der Inkraftsetzung eines solchen Abkommens wäre ein tiefgreifender Legitimitätsverlust unseres politischen Systems, der unübersehbare Nebenfolgen nach sich ziehen würde.

Daß die bloße Aufrechterhaltung der staatlichen Souveränität noch keine Gewähr für optimale Gemeinwohlentscheidungen abgibt, ist unabweisbar. Unabweisbar ist aber auch, daß sie eine conditio sine qua non für die Durchsetzung solcher Entscheidungen darstellt. Wer daher das Erstgeburtsrecht einer zur Sicherung der staatlichen Gemeinwohlförderung unverzichtbaren staatlichen Oberhoheit ohne adäquate institutionelle Kompensationen auf zwischenstaatlicher Ebene für das Linsenmus kurzatmiger ökonomischer Erwartungen aufgibt, unternimmt einen gefährlichen Schritt staats- und verfassungspolitischer Regression. Dem MAI unter Mithilfe einer wachsamen Öffentlichkeit die Wolfszähne zu ziehen, wird daher auch zu einer staatspolitischen Aufgabe von historischem Rang.

Multilaterales Abkommen über Investitionen

Arbeitsübersetzung

Organisation für Wirtschaftliche Zusammenarbeit
(OECD)
Verhandlungsgruppe
des Multilateralen Abkommens
über Investitionen
Konsolidierter Text (Stand 24. April 1998)
Original: Englisch

Dieses Dokument gibt den derzeitigen Verhandlungsstand des Multilateralen Abkommens über Investitionen (MAI) wieder. Die hier enthaltenen Texte geben die Arbeit der Expertengruppen wieder und sind von der Verhandlungsgruppe noch nicht verabschiedet worden. Der endgültige Text wird von länderspezifischen Ausnahmen begleitet sein, die jedoch Bestandteil des Abkommens sein werden.

Inhaltsverzeichnis

I. **Allgemeine Bestimmungen** 19
Präambel 19

II. **Geltungsbereich und Anwendung** 21
Definitionen 21
Räumlicher Anwendungsbereich 22
Anwendung auf überseeische Gebiete 22

III. **Behandlung von Investoren und Kapitalanlagen** ... 24
Inländerbehandlung und Meistbegünstigung 24
Transparenz 25
Vorübergehende Einreise; Aufenthalt und Tätigkeiten von Investoren und Schlüsselpersonal 26
Voraussetzungen in bezug auf die Staatsangehörigkeit von geschäftsführenden Direktoren, Managern und Direktoriumsmitgliedern 28
Beschäftigungsvoraussetzungen 28
Tätigkeitsauflagen 29
Privatisierung 32
Monopole/Staatliche Unternehmen/Konzessionen ... 35
Wirtschaftliche Einheiten mit staatlichen Vollmachten . 42
Investitionsanreize 42
Anerkennungsvereinbarungen 44
Genehmigungsverfahren 44
Geistiges Eigentum 44
Öffentliche Schulden 49
Unternehmenspraktiken 49
F&E im Bereich Technologie 49
Keine Senkung von Standards 49
Vorgeschlagene »Zusatzklausel« über Arbeit und Umwelt 51

IV. Schutz von Kapitalanlagen 52
Allgemeine Behandlung 52
Enteignung und Entschädigung 52
Schutz vor Unfrieden 53
Transfers 54
Informationsübermittlung und Datenverarbeitung 56
Subrogation 57
Schutz bestehender Kapitalanlagen 57

V. Streitbeilegung 58
Zwischenstaatliche Verfahren 58
Verfahren zwischen einem Investor und einem Staat .. 68

VI. Ausnahmen und Schutzklauseln 79
Allgemeine Ausnahmen 79
Transaktionen im Rahmen von Währungs- und Wechselkurspolitik 80
Vorübergehende Schutzklauseln 81

VII. Finanzdienstleistungen 83
Aufsichtsmaßnahmen 83
Anerkennungsverfahren 83
Genehmigungsverfahren 84
Transparenz 85
Informationstransfer und Datenverarbeitung 85
Mitgliedschaft in selbstregulierenden Gremien und Verbänden 86
Zahlungs- und Verrechnungssysteme/Lender of Last Resort 87
Beilegung von Meinungsverschiedenheiten 87
Definition der Finanzdienstleistungen 88

VIII. Besteuerung 90

IX. Spezifische Ausnahmen durch Einzelstaaten 92
Einlegung einzelstaatlicher Ausnahmen 92

X. Verhältnis zu anderen internationalen Übereinkommen 95
Verpflichtungen im Rahmen der Artikel des Abkommens des Internationalen Währungsfonds 95
Die OECD-Leitsätze für Multinationale Unternehmen 95

XI. Umsetzung und Anwendungsbereich 98
Die Vorbereitungsgruppe 98
Parteiengruppe 98

XII. Schlußbestimmungen 102
Unterschrift 102
Annahme und Inkrafttreten 102
Beitritt 103
Nichtanwendbarkeit 103
Überarbeitung 103
Änderungen 104
Überarbeitung der OECD-Leitsätze für Multinationale Unternehmen 104
Rücktritt 104
Verwahrer 105
Status der Anhänge 105
Verbindlicher Wortlaut 105
Vorenthaltung von Vergünstigungen 105

ANHANG 1

Länderspezifische Vorschläge für Textentwürfe 107
Klausel für Organisationen zur regionalen Wirtschaftsintegration (REIO-Klausel) (Beitrag einer Delegation) 107

Klausel für Organisationen zur regionalen Wirtschaftsintegration (REIO-Klausel) (Beitrag von drei Delegationen) 109
Entwurf eines Artikels über gegensätzliche Anforderungen . 110
Entwurf eines Artikels über grundsätzliche Anforderungen . 113
Entwurf eines Artikels über Boykotte von Sekundärinvestitionen 115
Einführung einer Ausnahmeklausel für den kulturellen Bereich (Beitrag einer Delegation) 116

ANHANG 2

Vorschlag des Vorsitzenden zu Umwelt und verwandten Angelegenheiten sowie Arbeit 118

ANHANG 3

Paket von Vorschlägen für Formulierungen in den Bereichen Arbeit und Umwelt 123

I. Allgemeine Bestimmungen

Präambel

Die Vertragsparteien dieses Abkommens

In dem Wunsche, ihre freundschaftlichen Beziehungen zu festigen und ihre wirtschaftliche Zusammenarbeit zu vertiefen;

Unter Berücksichtigung der Tatsache, daß internationale Kapitalanlagen in der Weltwirtschaft eine große Bedeutung erlangt und beträchtlich zur Entwicklung der Staaten beigetragen haben;

In Anerkennung der Tatsache, daß ein Einvernehmen über die den Investoren und deren Kapitalanlagen zu gewährende Behandlung zur wirksamen Nutzung der Wirtschaftsressourcen, zur Schaffung von Arbeitsplätzen und zur Verbesserung des Lebensstandards beiträgt;

Unter Betonung der Tatsache, daß gerechte, transparente und verläßliche Regelungen für Kapitalanlagen das Welthandelssystem ergänzen und fördern;

[In dem Wunsche, daß dieses Abkommen die internationale Zusammenarbeit in bezug auf Kapitalanlagen und die Aufstellung weltweiter Regeln für ausländische Direktinvestitionen im Rahmen des Welthandelssystems, wie im Vertragswerk zur Errichtung der Welthandelsorganisation enthalten, fördert;]

In dem Wunsche, für Kapitalanlagen ein umfassendes multilaterales Rahmenwerk mit hohen Liberalisierungs- und Schutzstandards sowie mit wirksamen Streitbeilegungsverfahren zu schaffen;

[In Anerkennung der Tatsache, daß Kapitalanlagen als Motor des Wirtschaftswachstums eine Schlüsselrolle für die Gewährleistung eines nachhaltigen Wirtschaftswachstums spielen können, sofern es von geeigneten Umweltschutzmaßnahmen begleitet wird] [In Anerkennung der Tatsache, daß bei einer geeigneten Umweltschutzpolitik Kapitalanlagen eine Schlüsselrolle für eine nachhaltige wirtschaftliche Entwicklung spielen können], und in dem

Entschluß [Wunsch], dieses Abkommen [gemäß internationalem Umweltschutzrecht und] in einer Art und Weise durchzuführen, die mit dem Grundsatz einer nachhaltigen Entwicklung gemäß der Erklärung der Konferenz der Vereinten Nationen für Umwelt und Entwicklung, Rio de Janeiro 1992 und Agenda 21, [einschließlich Schutz und Erhaltung der Umwelt sowie Beibehaltung des Verursacherprinzips und des Vorsorgeprinzips;] vereinbar ist;

Unter Bekräftigung ihrer Verpflichtung im Rahmen der Kopenhagener Erklärung des World Summit on Social Development und unter Beachtung der international anerkannten Kernarbeitsstandards, d. h. Vereinigungsfreiheit, Organisations- und Tarifverhandlungsrecht, Verbot von Zwangsarbeit, Abschaffung ausbeuterischer Formen von Kinderarbeit, Nichtdiskriminierung auf dem Gebiet von Beschäftigung und unter Beachtung der Tatsache, daß die Internationale Arbeitsorganisation weltweit für die Festlegung und Behandlung von Kernarbeitsstandards zuständig ist;

In Bekräftigung ihrer Entscheidung, ein eigenständiges Abkommen zu schaffen, das für den Beitritt aller Länder offen ist;

[Unter Hinweis darauf] [In Bekräftigung ihrer Unterstützung dafür], daß die OECD-Leitsätze für Multinationale Unternehmen sowie deren Durchführung nicht bindenden und freiwilligen Charakter haben und das gegenseitige Vertrauen zwischen Unternehmen und Gaststaaten fördern und zu einem günstigen Investitionsklima beitragen sollen;

HABEN FOLGENDES VEREINBART:

II. Geltungsbereich und Anwendung

Definitionen

1. Investor bedeutet:

(i) eine natürliche Person, die die Staatsangehörigkeit einer Vertragspartei oder ihren ständigen Wohnsitz im Hoheitsgebiet dieser Vertragspartei gemäß deren geltendem Recht hat; oder

(ii) eine juristische Person oder jede andere Rechtspersönlichkeit, die gemäß dem geltenden Recht einer Vertragspartei gegründet worden ist unabhängig davon, ob sie Erwerbscharakter hat oder nicht, ob sie sich in Privat- oder Staatsbesitz befindet oder unter staatlicher Kontrolle steht, einschließlich Kapitalgesellschaften, Treuhandvermögen, Personengesellschaften, Alleininhaberschaften, Gemeinschaftsunternehmen, Verbände und Organisationen.

2. Kapitalanlage bedeutet:

Jede Art von Vermögenswert, der direkt oder indirekt ganz oder mehrheitlich im Eigentum eines Investors oder unter seiner Kontrolle steht, einschließlich:

(i) Unternehmen (unabhängig davon, ob es sich um eine gemäß dem geltenden Recht einer Vertragspartei gegründete juristische Person oder um eine sonstige Rechtspersönlichkeit handelt sowie unabhängig davon, ob diese mit oder ohne Erwerbscharakter ausgestattet ist und sich in Privat- oder Staatseigentum befindet oder unter staatlicher Kontrolle steht, einschließlich Körperschaften, Treuhandvermögen, Personengesellschaften, Alleininhaberschaft, Gemeinschaftsunternehmen, Verbände oder Organisationen);

(ii) Aktien, Anteilscheine oder sonstige Formen der Eigenkapitalbeteiligung an Unternehmen und daraus abgeleitete Rechte;

(iii) Schuldverschreibungen, Pfandbriefe, Anleihen und sonstige Forderungen sowie daraus abgeleitete Rechte;
(iv) Rechte aus Verträgen, einschließlich Verträge über schlüsselfertige Übergabe, Bau, Verwaltung, Produktion oder Einnahmebeteiligung;
(v) Ansprüche aus Geld und Leistungen;
(vi) Rechte an geistigem Eigentum;
(vii) gesetzliche oder vertragliche Rechte, wie Konzessionen, Lizenzen, Genehmigungen und Erlaubnisse;
(viii) jedes sonstige materielle und immaterielle, bewegliche und unbewegliche Eigentum und alle damit in einem Zusammenhang stehenden Eigentumsrecht, wie Pachten, Hypotheken, Pfandrechte und Bürgschaften.

Räumlicher Anwendungsbereich

Dieses Abkommen gilt in:
(a) dem Landgebiet, den Binnengewässern und dem Hoheitsgewässer einer Vertragspartei und für den Fall, daß die Vertragspartei ein Inselstaat ist, in ihren Inselgewässern; und
(b) Seegebieten jenseits der Hoheitsgewässer, über welche die Vertragspartei Hoheitsrecht oder Gerichtsbarkeit laut Völkerrecht ausübt, wie es insbesondere in der Seerechtskonvention der Vereinten Nationen von 1982 zum Ausdruck kommt.

Anwendung auf überseeische Gebiete

1. Ein Staat kann zu jeder Zeit gegenüber dem Depositar schriftlich erklären, daß dieses Abkommen für ein, für mehrere oder für alle Gebiete gelten soll, für deren internationale Beziehungen er verantwortlich ist. Eine solche Erklärung, die bis zur Ratifizierung, zum Beitritt oder zur Annahme abgegeben worden ist, wird bei Inkrafttreten dieses Abkommens für diesen Staat

wirksam. Eine spätere Erklärung wird in bezug auf das betreffende Gebiet oder die betreffenden Gebiete am neunzigsten Tag nach Eingang der Erklärung beim Depositar wirksam.

2. Eine Vertragspartei kann gegenüber dem Depositar jederzeit schriftlich erklären, daß dieses Abkommen nicht mehr für ein, mehrere oder alle Gebiete gelten soll, für deren internationale Beziehungen er verantwortlich ist. Eine solche Erklärung wird nach Ablauf eines Jahres ab dem Datum des Eingangs der Erklärung beim Depositar wirksam und hat dieselbe Wirkung in bezug auf bestehende Kapitalanlagen wie eine Kündigung durch eine Vertragspartei.

III. Behandlung von Investoren und Kapitalanlagen

Inländerbehandlung und Meistbegünstigung

1. Jede Vertragspartei gewährt den Investoren einer anderen Vertragspartei und deren Kapitalanlagen eine Behandlung, die nicht weniger günstig ist als die Behandlung, die sie [unter vergleichbaren Umständen] ihren eigenen Investoren und deren Kapitalanlagen in bezug auf Errichtung, Erwerb, Erweiterung, Betrieb, Verwaltung, Wartung, Verwendung, Genuß und Verkauf oder durch sonstige Verfügungen über Kapitalanlagen einräumt.
2. Jede Vertragspartei gewährt den Investoren einer anderen Vertragspartei und deren Kapitalanlagen eine Behandlung, die nicht weniger günstig ist als die Behandlung, die sie [unter vergleichbaren Umständen] den Investoren jeder anderen Vertragspartei oder einer Nichtvertragspartei sowie den Kapitalanlagen von Investoren jeder anderen Vertragspartei oder einer Nichtvertragspartei in bezug auf Errichtung, Erwerb, Erweiterung, Betrieb, Verwaltung, Wartung, Verwendung, Genuß und Verkauf oder durch sonstige Verfügungen über Kapitalanlagen einräumt.
3. Jede Vertragspartei gewährt den Investoren einer anderen Vertragspartei und deren Kapitalanlagen die jeweils bessere der von Artikel 1.1. und 1.2. geforderten Behandlung, je nachdem, welches die günstigere für diese Investoren oder Kapitalanlagen ist.

TRANSPARENZ

1. Jede Vertragspartei veröffentlicht unverzüglich ihre Gesetze, Bestimmungen, Verfahren, Verwaltungserlasse und allgemein geltenden Rechtsentscheidungen sowie internationale Vereinbarungen, die auf die Wirksamkeit des Abkommens Einfluß haben können, oder macht diese auf andere Art und Weise öffentlich bekannt. In den Fällen, in denen eine Vertragspartei sich Politiken bedient, die sich nicht in Gesetzen oder Vorschriften oder in anderen in diesem Absatz aufgeführten, die Wirksamkeit des Abkommens potentiell jedoch beeinflussenden Mitteln niederschlagen, veröffentlicht diese Vertragspartei solche Politiken unverzüglich oder macht sie auf andere Art und Weise öffentlich bekannt.
2. Jede Vertragspartei beantwortet unverzüglich spezielle Fragen und gibt anderen Vertragsparteien auf Verlangen Auskunft über Angelegenheiten, auf die in Artikel 2.1. Bezug genommen wurde.
3. Keine in diesem Abkommen enthaltene Bestimmung hindert eine Vertragspartei daran, von einem Investor einer anderen Vertragspartei oder in bezug auf seine Kapitalanlage Routineinformationen für ausschließliche Informations- oder statistische Zwecke zu verlangen. Keine in diesem Abkommen enthaltene Bestimmung verlangt von einer Vertragspartei, folgende Angaben zur Verfügung zu stellen oder Zugang dazu zu gewähren:
   a) Informationen über finanzielle Angelegenheiten und Konten einzelner Kunden von bestimmten Investoren oder über Kapitalanlagen, oder
   b) jede vertrauliche oder rechtlich geschützte Information, einschließlich Informationen über spezielle Investoren oder Kapitalanlagen, deren Offenlegung den Gesetzesvollzug behindern würde, im Widerspruch zu den Gesetzen der Vertragspartei stehen würde, welche die Vertraulichkeit schützen sollen, oder legitime Handelsinteressen einzelner Unternehmen beeinträchtigen würde.

Vorübergehende Einreise; Aufenthalt und Tätigkeiten von Investoren und Schlüsselpersonal

1. Nach Maßgabe der geltenden Gesetze, Vorschriften und Verfahren der Vertragsparteien, die die Einreise, den Aufenthalt und die Tätigkeit natürlicher Personen betreffen:

(a) gewährt jede Vertragspartei einer natürlichen Person einer anderen Vertragspartei vorübergehende Einreise, Aufenthalt und Arbeitsgenehmigung und stellt alle erforderlichen bestätigenden Unterlagen zur Verfügung; bei einer solchen Person handelt es sich um:

(i) einen Investor, der sich bemüht, Beratungs- oder wesentliche technische Dienste für den Betrieb eines Unternehmens in dem Hoheitsgebiet der erstgenannten Vertragspartei zu entrichten, zu entwickeln, zu führen oder zur Verfügung zu stellen und zu diesem Zweck einen beträchtlichen Kapitalbetrag zur Verfügung gestellt hat oder im Begriff ist, einen solchen Betrag zur Verfügung zu stellen, oder

(ii) einen Angestellten, der bei einem unter (i) erwähnten Unternehmen oder bei einem Investor beschäftigt ist [dessen Beschäftigung für einen festgesetzten Mindestzeitraum von z. B. einem Jahr erforderlich sein kann] in der Eigenschaft als leitender Angestellter, Vorgesetzter oder Fachkraft und der für das Unternehmen wichtig ist;

solange eine solche Person die Erfordernisse dieses Artikels weiterhin erfüllt;

(b) (i) gewährt jede Vertragspartei dem Ehepartner und den minderjährigen Kindern einer natürlichen Person, die vorübergehende Einreise, Aufenthalts- und Arbeitsgenehmigung gemäß Unterabsatz (a) oben gewährt wurde, vorübergehende Einreise und Aufenthalt und stellt alle erforderlichen bestätigenden Unterlagen zur Verfügung. Der Ehepartner und die minderjährigen Kinder werden für die Dauer des Aufenthalts jener Person aufgenommen.

(ii) wird jede Vertragspartei aufgefordert, dem Ehepartner der Person, der vorübergehende Einreise, Aufenthalt und Arbeitserlaubnis gemäß Buchstabe (a) oben gewährt wurde, eine Arbeitserlaubnis zu erteilen.

2. Keine Vertragspartei darf die Einreise und den Aufenthalt gemäß diesem Artikel oder die Arbeitserlaubnis gemäß Absatz 1(a) dieses Artikels aus Arbeitsmarktgründen oder in Abhängigkeit von sonstigen wirtschaftlichen Erfordernissen, Tests oder mengenmäßigen Beschränkungen in Gesetzen, Bestimmungen und Verfahren verweigern.

3. Für die Zwecke dieses Artikels:
bedeutet **natürliche Person einer anderen Vertragspartei** eine natürliche Person, die die Staatsangehörigkeit einer anderen Vertragspartei gemäß deren geltendem Recht [oder ihren ständigen Wohnsitz in dem Gebiet] dieser Vertragspartei hat;
bedeutet **geschäftsführender Direktor** eine natürliche Person, die in erster Linie die Leitung eines Unternehmens innehat oder die Ziele und Strategien für das Unternehmen oder einen wesentlichen Komplex oder eine wesentliche Funktion desselben bestimmt und die in hohem Maße Entscheidungsbefugnis hat und nur einer allgemeinen Aufsicht durch Direktoren einer höheren Geschäftsführungsebene, durch den Aufsichtsrat oder die Aktionäre des Unternehmens unterliegt;
bedeutet **Manager** eine natürliche Person, die die Leitung eines Unternehmens oder einer Abteilung oder Unterabteilung eines Unternehmens innehat, die die Arbeit anderer Angestellter beaufsichtigt und kontrolliert, die die Befugnis hat, Leute einzustellen und zu entlassen oder deren Einstellung und Entlassung zu empfehlen oder andere Personalmaßnahmen zu treffen und die eine Entscheidungsgewalt über tägliche Vorgänge auf leitender Ebene ausübt; und
bedeutet **Fachkraft** eine natürliche Person, die Kenntnisse auf fortgeschrittenem Niveau eines Fachgebiets besitzt und von der

ggf. besondere oder markenspezifische Kenntnisse des Produkts, des Kundendienstes, der Forschungsausrüstung, der Techniken oder der Leitung des Unternehmens verlangt werden können.

Voraussetzungen in bezug auf die Staatsangehörigkeit von geschäftsführenden Direktoren, Managern und Direktoriumsmitgliedern

Keine Vertragspartei darf verlangen, daß ein Unternehmen derjenigen Vertragspartei, das eine Kapitalanlage eines Investors einer anderen Vertragspartei bildet, Personen mit einer bestimmten Staatsangehörigkeit als geschäftsführende Direktoren, Manager und Direktoriumsmitglieder ernennt.

Beschäftigungsvoraussetzungen

Eine Vertragspartei gestattet den Investoren einer anderen Vertragspartei in bezug auf ihre Kapitalanlagen, daß sie jede natürliche Person ihrer Wahl beschäftigt ungeachtet der Staatsangehörigkeit bzw. Staatsbürgerschaft dieser Person unter der Voraussetzung, daß eine solche Person eine gültige, von den zuständigen Behörden der ersteren Vertragspartei ausgestellte Aufenthalts- und Arbeitsgenehmigung hat und daß die vorgesehene Beschäftigung in Übereinstimmung mit den Bestimmungen, Bedingungen und Fristen dieser der betreffenden Person erteilten Genehmigung erfolgt.

Tätigkeitsauflagen

1. Eine Vertragspartei darf im Zusammenhang mit der Errichtung, dem Erwerb, der Erweiterung, dem Betrieb, der Verwaltung, der Verwendung, dem Genuß und dem Verkauf oder einer sonstigen Verfügung über eine Kapitalanlage eines Investors einer anderen Vertragspartei oder einer Nichtvertragspartei in ihrem eigenen Hoheitsgebiet, keine der nachfolgend aufgeführten Auflagen stellen, durchsetzen oder aufrechterhalten und keine etwaigen Verpflichtungen durchsetzen, um
   (a) ein bestimmtes Ausmaß oder eine prozentual definierte Quote eines Exports von Waren und Dienstleistungen zu erreichen;
   (b) ein bestimmtes Ausmaß oder eine prozentual definierte Quote eines Inlandsanteils (»local contents«) zu erzielen;
   (c) im eigenen Hoheitsgebiet erzeugte Waren und angebotene Dienstleistungen zu erwerben oder zu nutzen oder ihnen eine bevorzugte Behandlung zu gewähren oder um Waren oder Dienstleistungen von Personen im eigenen Hoheitsgebiet zu erwerben;
   (d) ein mengen- oder wertmäßiges Verhältnis der Einfuhren zu den Ausfuhren bzw. zu der mit solchen Kapitalanlagen einhergehenden Summe der Devisenzuflüsse herzustellen;
   (e) den Absatz der mit einer solchen Kapitalanlage im eigenen Hoheitsgebiet erzeugten Waren und Dienstleistungen dadurch zu beschränken, daß er in ein mengen- oder wertmäßiges Verhältnis zu den eigenen Ausfuhren oder Deviseneinnahmen gesetzt wird;
   (f) Technologie, einen Produktionsprozeß oder sonstige Schutzrechte auf eine natürliche oder juristische Person im eigenen Hoheitsgebiet zu übertragen, außer in den Fällen, in denen:
      - diese Anforderung von einem Gericht, einem Verwaltungsgericht oder einer Wettbewerbsbehörde zur Heilung einer Verletzung des Wettbewerbsrechts auferlegt

wird bzw. eine solche Verpflichtung erfüllt werden muß, oder

- diese Anforderung die Übertragung geistigen Eigentums betrifft und auf eine Weise geschieht, die mit dem TRIPS-Abkommen nicht unvereinbar ist;

(g) die Hauptverwaltung eines Unternehmens für eine bestimmte Region oder den Weltmarkt im Hoheitsgebiet der betreffenden Vertragspartei zu errichten;

(h) eine bestimmte Region oder den Weltmarkt ausschließlich von dem Hoheitsgebiet der betreffenden Vertragspartei mit den dort erzeugten Waren oder angebotenen Dienstleistungen zu beliefern;

(i) für Forschungs- und Entwicklungsarbeiten im eigenen Hoheitsgebiet ein bestimmtes Ausmaß oder einen bestimmten Wert zu erreichen;

(j) ein bestimmtes Ausmaß an Beschäftigung von eigenen Staatsangehörigen zu erreichen;

(k) ein Gemeinschaftsunternehmen mit inländischer Beteiligung zu errichten; oder

(l) eine Mindesthöhe für inländische Beteiligungen außer in Form von Namensaktien zu erreichen, die für Direktoren oder Unternehmensgründer als Voraussetzung für die Übernahme ihrer Funktion gelten.

2. Eine Vertragspartei wird durch Absatz 1 nicht daran gehindert, die ein- oder mehrmalige Entgegennahme von Vorteilen im Zusammenhang mit einer Kapitalanlage einer Vertragspartei oder einer Nichtvertragspartei in ihrem Hoheitsgebiet an Bedingungen zu knüpfen zu Erfüllung von in den Absätzen 1 (f) bis 1 (l) aufgeführten Auflagen und Verpflichtungen.

3.

4. [Unter der Voraussetzung, daß solche Maßnahmen nicht auf eine willkürliche oder nicht zu rechtfertigende Art und Weise getroffen werden und keine verborgene Investitionsbeschränkung darstellen, darf keine der in den Absätzen 1 (b) und 1 (c) enthaltenen Bestimmungen so ausgelegt werden, daß sie eine

Vertragspartei daran hindert, Maßnahmen, einschließlich Umweltmaßnahmen, zu ergreifen oder beizubehalten, die erforderlich sind, um:

(a) die Einhaltung der Gesetze und Bestimmungen zu gewährleisten, die mit den Bestimmungen dieses Abkommens nicht vereinbar sind;

(b) das Leben von Mensch, Tier und Pflanzen sowie deren Gesundheit zu schützen;

(c) erschöpfbare lebende und nichtlebende natürliche Ressourcen zu bewahren.]

5. (a) Die Absätze 1(a), 1(b) und 1(c) gelten nicht für Qualifikationsanforderungen auf den Gebieten von Waren und Dienstleistungen im Zusammenhang mit Exportförderungs- und Auslandshilfeprogrammen;

[(aa) Die Absätze 1(a), 1(b) und 1(c) gelten nicht für:

– [Maßnahmen] [Vorteile] auf den Gebieten von Produktion, Veredelung und Vermarktung von landwirtschaftlichen und veredelten landwirtschaftlichen Erzeugnissen;

– Vorteile in bezug auf den Handel mit Dienstleistungen;]

(b) Die Absätze 1(b), 1(c), 1(f) und 1(h) gelten nicht für Beschaffungen durch eine Vertragspartei oder eine wirtschaftliche Einheit, die sich im Eigentum dieser Vertragspartei befindet oder von ihr kontrolliert wird.

[(c) Die Absätze 1(b) und 1(c) gelten nicht für Anforderungen, die von einer importierenden Partei in bezug auf den Inhalt von Waren auferlegt werden, die erforderlich sind, damit diese Waren für Verzugszölle und Sonderkontingente in Frage kommen.]

[(c) Die Absätze 1(a), 1(b), 1(c) und 1(d) gelten nicht für Zölle, Zollbefreiungen und Vorzugszölle oder für etwaige Handelsmaßnahmen zur Regelung von Ein- und Ausfuhren unter der Voraussetzung, daß solche Maßnahmen nicht willkürlich oder auf eine ungerechte Weise angewendet werden und daß sie keine verborgene Investitionsbeschränkung darstellen.]

Paragraph 1 (Anwendbarkeit von Inländerbehandlung und Meistbegünstigung)

Die Verpflichtung einer Vertragspartei zur Gewährung von Inländerbehandlung und Meistbegünstigung in der Definition des Absatzes XX (Inländerbehandlung/Meistbegünstigung) gilt für:

a) Privatisierungen jeglicher Art unabhängig von der Privatisierungsmethode (öffentliche Ausschreibung, Direktverkauf oder sonstige Methode); und
b) Folgetransaktionen, die einen privatisierten Vermögenswert betreffen.

[Absatz 1a (Belegsysteme)
Unbeschadet der Bestimmungen des Absatzes 1 sind Vereinbarungen, in deren Rahmen eine natürliche Person einer Vertragspartei ein Ausschließlichkeitsrecht in bezug auf die Erstprivatisierung erhält, als Methode der Privatisierung im Rahmen dieses Abkommens annehmbar, sofern das Ausschließlichkeitsrecht hinsichtlich der Erstprivatisierung auf natürliche Personen beschränkt wird und unter der Voraussetzung, daß es bezüglich einer Weiterveräußerung keinerlei Auflagen gibt.]

Absatz 2 (Privatisierungsrecht)
Die Bestimmungen dieses Abkommens dürfen nicht so ausgelegt werden, daß sie einer Vertragspartei eine Verpflichtung zur Privatisierung auferlegen.

Absatz 3 (besondere Aktienvereinbarungen)

Alternative 1
Die Vertragsparteien erkennen an, daß besondere Aktienvereinbarungen mit Absatz 1 vereinbar sind, wenn sie Investoren oder Kapitalanlagen einer Vertragspartei nicht ausdrücklich und absicht-

lich bevorzugen oder gegen Investoren oder Kapitalanlagen einer anderen Vertragspartei aufgrund ihrer Staatsangehörigkeit oder ihres Daueraufenthaltsrechts diskriminieren.

Alternative 2
[Besondere Aktienvereinbarungen (einschließlich, unter anderem) a) Zurückhaltung von »goldenen Aktien« durch die Vertragsparteien, b) stabiler von einer Vertragspartei zusammengebrachter Aktionärsgruppen, c) Management-/Belegschaftsübernahmen sowie d) Belegsysteme für die Öffentlichkeit bergen sehr stark die Möglichkeit zur Diskriminierung von ausländischen Investoren in sich und stimmen in der Tat in vielen Fällen mit den Grundsätzen von Inländerbehandlung und Meistbegünstigung nicht überein.]

Alternative 3
Fußnote zu Absatz 1
Besondere Aktienvereinbarungen, die ausländische Investoren und deren Kapitalanlagen ausdrücklich *(de jure)* diskriminieren, stehen im Gegensatz zur Verpflichtung der Gewährung von Inländerbehandlung und Meistbegünstigung. Es gilt ebenfalls als vereinbart, daß, wenn es in der praktischen Anwendung von besonderen Aktienvereinbarungen zu einer *De-facto*-Diskriminierung kommt, diese Vereinbarungen auch gegen die Grundsätze von Inländerbehandlung und Meistbegünstigung verstoßen.

Alternative 4
Keine der Bestimmungen dieses Abkommens darf die Vertragsparteien daran hindern, sich besonderer Methoden zur Privatisierung zu bedienen oder besondere Eigentums-, Management- und Kontrollregelungen für privatisierte Vermögenswerte zu haben wie:

– eine Vertragspartei oder eine von der Vertragspartei designierte Person mit besonderen Aktionärsrechten auszustatten zur Beeinflussung oder Verhinderung von Entscheidungen über solche Vermögenswerte nach der Privatisierung;

- Vereinbarungen, auf deren Grundlage Unternehmensleiter und sonstige Angestellte eines Unternehmens eine besondere Behandlung in bezug auf den Erwerb von Aktien des betreffenden Unternehmens erhalten,
- Vereinbarungen, gemäß denen Aktionäre ihren Anteilsbesitz an dem Kapital des Unternehmers für eine bestimmte Zeitdauer halten müssen,
- Vereinbarungen, auf deren Grundlage die Bürger einer bestimmten Gemeinde eine Vorzugsbehandlung hinsichtlich des Erwerbs von Gemeindevermögensanteilen erhalten,

sofern die Vertragsparteien Investoren oder Kapitalanlagen einer Vertragspartei nicht ausdrücklich oder absichtlich bevorzugen und sofern sie nicht gegen einen Investor oder die Kapitalanlagen einer anderen Vertragspartei aufgrund ihrer Staatsangehörigkeit oder ihres Daueraufenthaltsrechts diskriminieren.

Absatz 4 (Transparenz)

Im Sinne dieses Artikels veröffentlicht jede Vertragspartei oder die von ihr designierte Stelle unverzüglich wesentliche Aspekte und Verfahren für die Teilnahme an künftigen Privatisierungen oder macht diese Aspekte auf eine andere Weise öffentlich zugänglich.*

* Fußnote

Diese Fußnote bestätigt die Anwendung des Transparenz-Artikels YY. Diese Fußnote bestätigt ebenfalls, daß die Verpflichtungen zur Gewährung von Inländerbehandlung und Meistbegünstigung eine Diskriminierung von Investoren und Kapitalanlagen einer anderen Vertragspartei bezüglich aller derjenigen Vorkehrungen verbieten, mit denen Informationen über eine geplante Privatisierung bekanntgegeben werden sollen. Es gilt ebenfalls als vereinbart, daß es hinsichtlich der angewandten Methoden für die Bereitstellung von Informationen Abweichungen, auch im Falle von kleineren Privatisierungsvorhaben, geben soll.

Paragraph 5 (Definition)
Privatisierung bedeutet die teilweise oder volllständige Veräußerung von Vermögenswerten an einer Unternehmenseinheit oder eine anderweitige Verfügung, welche im wesentlichen dieselbe Wirkung hat.*

* Diese Definition
- gilt nicht für Transaktionen zwischen unterschiedlichen Ebenen oder Unternehmenseinheiten derselben Vertragspartei;
- schließt Transaktionen im Rahmen der üblichen Geschäftstätigkeit aus.

MONOPOLE/STAATLICHE UNTERNEHMEN/ KONZESSIONEN

A. Artikel über Monopole

1. Die Bestimmungen dieses Artikels dürfen nicht so ausgelegt werden, daß sie eine Vertragspartei daran hindern, Monopole aufrechtzuerhalten, zu errichten oder abzuschaffen.
2. Jede Vertragspartei [bemüht sich], bei der Errichtung von Monopolen eine nichtdiskriminierende Behandlung zu gewähren.
3. Jede Vertragspartei stellt sicher, daß jedes privatwirtschaftliche Monopol, das von ihrer nationalen oder [regionalen] Regierung [beibehalten oder] designiert wird, und daß jedes staatliche Monopol, das ihre nationale [oder regionale] Regierung beibehält oder designiert:
   (a) den Kapitalanlagen von Investoren einer anderen Vertragspartei bei der Lieferung von Monopolwaren oder -dienstleistungen auf dem relevanten Markt eine nichtdiskriminierende Behandlung gewährt.
   (b) den Kapitalanlagen von Investoren einer anderen Vertragspartei beim Erwerb von Monopolwaren und -dienstleistungen auf dem relevanten Markt eine nichtdiskriminierende

Behandlung gewährt. Dieser Absatz gilt nicht für Beschaffungsmaßnahmen von Regierungsstellen für Waren und Dienstleistungen zur eigenen Verwendung und auch nicht für einen kommerziellen Wiederverkauf oder für eine Verwendung in der Produktion von für die kommerzielle Vermarktung bestimmten Waren und Dienstleistungen.

Unterabsatz c)

Alternative 1

(c) seine Monopolstellung nicht dazu mißbraucht, um sich auf einem nichtmonopolisierten Markt im Hoheitsgebiet der Vertragspartei an wettbewerbsbeschränkenden Praktiken, die für einen [Investor oder] eine Kapitalanlage eines Investors einer anderen Vertragspartei schädlich sind, direkt oder indirekt auch auf dem Umweg über ihre Muttergesellschaft, Tochtergesellschaft oder ein sonstiges in gemeinsamem Eigentum stehendes Unternehmen zu beteiligen, indem es sich der Mittel diskriminierender Angebote von Monopolwaren oder -dienstleistungen, Quersubventionierung oder Verdrängungswettbewerb bedient.

Alternative 2: Nulloption

(d) beim Erwerb und bei der Vermarktung von Monopolwaren und -dienstleistungen auf dem relevanten Markt, auch in bezug auf Preise, Qualität, Verfügbarkeit, Absatzfähigkeit, Transport und Erwerbs- und Vermarktungsbedingungen ausschließlich in Übereinstimmung mit kommerziellen Erwägungen handelt, außer in den Fällen, in denen es um eine Bedingung seiner Designierung geht, die nicht mit Unterabsatz (a) oder (b) übereinstimmt.

[Die Bestimmungen des Artikels A dürfen nicht so ausgelegt werden, daß sie ein Monopolunternehmen daran hindern, auf verschiedenen räumlichen Märkten in den Fällen unterschiedliche

Preise zu verlangen, in denen solche Unterschiede auf normalen kommerziellen Erwägungen basieren wie zum Beispiel die Berücksichtigung von Angebots- und Nachfragebedingungen auf solchen Märkten.

Die Unterschiede in der Preisstellung nach verschiedenen Klassen von Abnehmern gemäß Artikel A, Absatz 3(c) und 3(d), nach verbundenen und nichtverbundenen Unternehmen und eine Quersubventionierung sind nicht als solche unvereinbar mit dieser Bestimmung; sie unterliegen aber diesem Unterabsatz, wenn sie als Instrumente für wettbewerbschädliches Verhalten von Monopolunternehmen genutzt werden.]

[4. Jede Vertragspartei darf zum Zeitpunkt der Aufhebung eines Monopols für die betreffende Tätigkeit eine Ausnahme zum Anwendungsbereich des Abkommens einlegen.]

5. Jede Vertragspartei notifiziert gegenüber der Parteiengruppe alle ggf. bestehenden designierten Monopole innerhalb von [60] Tagen nach Inkrafttreten des Abkommens, alle ggf. neu designierten Monopole innerhalb von [60] Tagen nach ihrer Schaffung sowie ggf. jede Abschaffung eines designierten Monopols [und entsprechende neue Ausnahmen vom Abkommen] innerhalb von [60] Tagen nach ihrer Abschaffung.

[6. In bezug auf sich aus Absatz 3 dieses Artikels ergebende Angelegenheiten gibt es weder für die Investoren einer anderen Vertragspartei noch für deren Kapitalanlagen die Möglichkeit eines Schiedsverfahrens zwischen Investoren und Staat.]

[B. Artikel über [staatliche Unternehmen] wirtschaftliche Einheiten, mit denen eine Regierung besondere Beziehungen unterhält]

i) Option 1: Nulloption

ii) Zusatzbestimmungen

a. Vorschlag von zwei Delegationen

[1. Jede Vertragspartei stellt sicher, daß alle ihre derzeitigen und künftigen staatlichen Unternehmen beim Verkauf von Waren oder Dienstleistungen im Hoheitsgebiet der betreffenden Vertragspartei nicht gegen Investoren einer anderen Vertragspartei und deren Kapitalanlagen diskriminieren.

2. In bezug auf etwaige sich aus Absatz 3 dieses Artikels ergebenden Angelegenheiten besteht weder für Investoren einer anderen Vertragspartei noch für deren Kapitalanlagen die Möglichkeit von Schiedsverfahren zwischen Investor und Staat.]

b. Vorschlag einer Delegation

[Jede Vertragspartei stellt sicher, daß alle wirtschaftlichen Einheiten, die im Eigentum einer nationalen oder regionalen staatlichen Behörde stehen oder im Wege von Beteiligungen durch sie kontrolliert werden oder die zu nationalen oder regionalen staatlichen Behörden durch spezifische legislative, regulatorische oder administrative Vorkehrungen in einer Beziehung stehen, auf eine Weise handeln, die mit den Verpflichtungen der Vertragsparteien im Rahmen dieses Abkommens im Zusammenhang mit diesen Tätigkeiten nicht unvereinbar ist.]

C. Definition bezüglich der Artikel über Monopole [und staatliche Unternehmen]

1. »Delegieren« bedeutet ein **Übertragen** von staatlichen Vollmachten an ein Monopolunternehmen oder ein staatliches Unternehmen im Wege einer legislativen Maßnahme und einer Regierungsanordnung, einer Direktive oder einer sonstigen Maßnahme oder eine Ermächtigung zur Ausübung staatlicher Vollmachten durch ein Monopolunternehmen oder ein staatliches Unternehmen.
2. »Designieren« bedeutet die **Errichtung** oder Genehmigung eines Monopols oder eine Ausweitung des Geltungsbereichs eines Monopols.
3. Der Begriff »Monopol« bedeutet eine Person oder eine von einer [nationalen (oder regionalen) staatlichen Behörde] [Vertragspartei] designierte wirtschaftliche Einheit als Alleinlieferant oder -käufer von Waren oder Dienstleistungen auf einem relevanten Markt im Hoheitsgebiet einer Vertragspartei. Er erstreckt sich nicht auf eine Person oder wirtschaftliche Einheit, welche ein alleiniges geistiges Eigentumsrecht als solches oder das Recht auf seine Ausübung hat.
4. Der Begriff »relevanter Markt« bedeutet den räumlichen und sachlich relevanten Markt für eine Ware oder Dienstleistung im Hoheitsgebiet einer Vertragspartei.
5. Der Begriff »diskriminierungsfreie Behandlung« bedeutet die jeweils bessere Option von Inländerbehandlung und Meistbegünstigung gemäß den einschlägigen Bestimmungen dieses Abkommens.

[6. Der Begriff »staatliches Unternehmen« bedeutet (vorbehaltlich der Bestimmungen des Anhangs …) ein Unternehmen, das im Eigentum einer Vertragspartei steht oder von ihr durch Beteiligung kontrolliert wird.]

[D. Artikel über Konzessionen

Transparenz

Das Verfahren für die Gewährung einer Konzession muß mindestens eine Anzeige in einem öffentlichen Bekanntmachungsblatt umfassen. Die Anzeige muß alle relevanten Informationen über Zweck und Art der konzessionierten Tätigkeit enthalten, einschließlich Bedingungen und Zeitablauf der Ausschreibung.

Die Veröffentlichung muß so frühzeitig erfolgen, daß alle interessierten Personen in der Lage sind, Bewerbungen und zusätzliche relevante Informationen übermitteln zu können. Auf Verlangen sind die Gründe für die Ablehnung einer Bewerbung mitzuteilen.

Definition

1. Eine Konzession bedeutet jede direkte oder indirekte Delegierung, welche eine **Übertragung** von Tätigkeiten beinhaltet, die von einer nationalen oder regionalen staatlichen Behörde oder einer öffentlichen oder halböffentlichen Stelle ausgeübt werden, an eine andere unabhängige Rechtseinheit.
2. Die Übertragung erfolgt entweder durch Gesetz, Verordnung, Verwaltungsanweisung oder sonstige übliche Methoden einerseits oder durch privatrechtliche oder öffentlich-rechtliche Verträge andererseits. Ziel der Übertragung ist die Beauftragung einer in sich geschlossenen und unabhängigen Rechtseinheit mit der Erbringung öffentlicher Dienstleistungen einschließlich des Betriebs der dazugehörigen Netze oder Infrastrukturen oder die Nutzung natürlicher Ressourcen und, sofern erforderlich, mit der Schaffung ganzer Netze oder Infrastrukturen oder von Teilen derselben.
3. [*Falls erforderlich:* Der Rechtsakt der Übertragung beinhaltet die Zahlungsbedingungen für den Investor. Diese Zahlungsbedingungen können aus einem vom Verbraucher zu zahlenden

Preis, einer Gebühr, einer Steuerlizenz, Subvention oder einem Beitrag seitens der übertragenden Behörde oder einer Kombination von allen Elementen bestehen.]

[Erteilung von Genehmigungen für die Aufsuchung, Gewinnung und Produktion von Mineralien einschliesslich Kohlenwasserstoffen

(1) Im Sinne dieses Artikels bedeutet »Genehmigung« jedes Gesetz, jede Verordnung, jede administrative oder vertragliche Bestimmung sowie etwaige auf deren Grundlage bezogene Rechtsinstrumente, mit denen die zuständigen Behörden einer Vertragspartei einen Investor oder eine Gruppe von Investoren ermächtigen, im eigenen Namen und auf eigenes Risiko das alleinige Recht zur Aufsuchung oder Gewinnung oder Produktion von Mineralien einschließlich Kohlenwasserstoffen in einem geographisch definierten Bereich auszuüben.

(2) In Übereinstimmung mit diesem Abkommen können die Vertragsparteien Festlegungen treffen über:

- (a) bei der Erteilung von Genehmigungen zu beachtende Verfahren, gemäß denen alle interessierten Investoren Anträge nach diesem Artikel stellen können;
- (b) Kriterien, auf deren Grundlage Genehmigungen erteilt werden;
- (c) Bedingungen und Anforderungen, einschließlich staatlicher Beteiligungen, Beginn und Ende der Aufsuchung, Gewinnung und Produktion von Mineralien einschließlich Kohlenwasserstoffen, unabhängig davon, ob sie in der Genehmigung enthalten sind oder vor Erteilung der Genehmigung akzeptiert werden müssen.

(3) Die Vertragsparteien wenden solche Verfahren, Kriterien, Bedingungen und Anforderungen, die in Absatz (2) oben erwähnt worden sind, auf eine transparente und objektive Wei-

se an sowie auf eine Art, die gewährleistet, daß keine Diskriminierung erfolgt aus Gründen unterschiedlicher Staatsangehörigkeit von Investoren, was den Zugang zu Tätigkeiten und deren Ausübung auf den Gebieten von Aufsuchung, Gewinnung und Produktion von Mineralien einschließlich Kohlenwasserstoffen anbelangt.]

Wirtschaftliche Einheiten mit staatlichen Vollmachten

Jede Vertragspartei stellt sicher, daß jede wirtschaftliche Einheit, der sie regulatorische, administrative oder sonstige staatliche Vollmachten übertragen hat, immer dann, wenn sie übertragene Vollmachten ausübt, auf eine Weise handelt, die mit den Verpflichtungen der Vertragspartei im Rahmen dieses Abkommens nicht unvereinbar ist.

Investitionsanreize

Alternative 1
Mehrere Delegationen halten einen zusätzlichen Text nicht für notwendig. Sie sind der Meinung, daß der vorliegende Entwurf des Artikels ausreicht, um Investitionsanreize im MAI abzudecken.

Alternative 2
Viele Delegationen würden jedoch spezifische Bestimmungen über Anreize im MAI befürworten, obwohl sie hinsichtlich der Art und des Geltungsbereichs dieser Bestimmungen unterschiedliche Auffassungen vertreten. Einige schlugen für künftige Arbeiten eine »eingebaute« Tagesordnung vor. Die Diskussionen über mögliche Bestimmungen konzentrierten sich auf den untenstehenden Entwurf eines Artikels, der von denjenigen als Kompromißtext angesehen wird, die dennoch weiterreichende Disziplinen bevorzugen würden.

Artikel

1. Die Vertragsparteien bekräftigen, daß Artikel XX (über Inländerbehandlung und Meistbegünstigung) und Artikel XX (Transparenz) Gültigkeit haben für [die Aufnahme von] Investitionsanreizen.
2. [Die Vertragsparteien erkennen an, daß Investitionsanreize [unter bestimmten Umständen] auch dann auf den Fluß von Kapitalanlage- und Investitionsentscheidungen eine verzerrende Wirkung haben können, wenn diese Anreize auf diskriminierungsfreier Weise gegeben werden. [Jede Vertragspartei, die der Auffassung ist, daß ihre Investoren oder deren Kapitalanlagen einem ungünstigen Einfluß von Investitionsanreizen unterliegen, die von einer anderen Vertragspartei gegeben worden sind, können um Konsultationen mit der betreffenden Vertragspartei nachsuchen.] [Die erstere der Vertragsparteien kann den betreffenden Anreiz zwecks Erörterung vor die Parteiengruppe bringen.]]
3. [Um solche verzerrenden Wirkungen zu vermeiden und zu minimieren und um angemessenen Wettbewerb unter den Vertragsparteien zu vermeiden in dem Bestreben, Investitionen neu oder weiterhin an sich zu binden, nehmen die Vertragsparteien Verhandlungen mit dem Ziel auf, zusätzliche MAI-Disziplinen [innerhalb von drei Jahren] ab Unterzeichnung des Abkommens zu schaffen. Diese Verhandlungen erkennen die Rolle von Investitionsanreizen in bezug auf politische Ziele an wie zum Beispiel regionalpolitische, strukturpolitische, sozialpolitische, umweltpolitische und forschungspolitische Maßnahmen der Vertragsparteien sowie für sonstige Arbeiten ähnlicher Art in einem anderen Kontext. Diese Verhandlungen betreffen insbesondere Fragen der positiven Diskriminierung [Transparenz]. Standstill und Rollback.]
4. [Im Sinne dieses Artikels bedeutet ein »Investitionsanreiz«: Die Gewährung eines spezifischen Vorteils, der sich aus einer öffentlichen Ausgabe [einem Finanzzuschuß] im Zusammenhang mit der Errichtung, dem Erwerb, der Erweiterung, der Verwal-

tung, dem Management einer Kapitalanlage einer Vertragspartei oder einer Nichtvertragspartei im Hoheitsgebiet einer anderen Vertragspartei ergibt.]

Anerkennungsvereinbarungen

Genehmigungsverfahren

Geistiges Eigentum

Fragen bezüglich geistigen Eigentums werden derzeit von Experten auf dem Gebiet des geistigen Eigentums geprüft. Die Ergebnisse dieser Erörterungen sind in den Berichten DAFFE/MAI (97)32, DAFFE/MAI/IP(97)2 enthalten. Der aktuelle Stand dieser Erörterungen [DAFFE/MAI/IP(98)1] wird im folgenden dargelegt.

Transfers

Übereinstimmung: der Text über kollektive Rechtewahrnehmung sollte im ersten Satz von Absatz 2 des Kommentars über Transfers (DAFFE/MAI(97)REV2, S. 125) nach »Zwecke« ergänzt werden: »oder jeder genehmigte Abzug seitens einer Einheit, die mit der kollektiven Rechtewahrnehmung von geistigen Eigentumsrechten betraut ist«.

Keine Übereinstimmung: ob der geänderte Absatz im Kommentar verbleiben oder aber in den Text des Abkommens aufgenommen werden soll.

Monopole

Übereinstimmung: Die Definition von »Monopol« sollte geändert werden, um die Behandlung von Rechten an geistigem Eigentum in der Definition zu präzisieren:

»Monopol« bedeutet jede Person oder Einheit, die von einer [nationalen [oder regionalen] Regierungsbehörde [Vertragspartei] als alleiniger Anbieter oder Käufer von Gütern oder Dienstleistungen auf einem bestimmten Markt im Hoheitsgebiet einer Vertragspartei benannt wird, schließt jedoch nicht eine Person oder Einheit ein, die ein exklusives Recht an geistigem Eigentum oder eine exklusive Konzession, Genehmigung oder Erlaubnis nur aufgrund dieses Rechts oder der Ausübung dieses Rechts hat, [ebenso schließt es nicht eine Einheit ein, die mit der kollektiven Rechtewahrnehmung von Rechten an geistigem Eigentum betraut ist].

Keine Übereinstimmung: wie in der letzten Passage in eckigen Klammern zum Ausdruck gebracht, ob Einheiten, die mit der kollektiven Rechtewahrnehmung von Rechten an geistigem Eigentum betraut sind, ebenfalls von der Definition ausgeschlossen werden sollten.

Leistungsanforderungen

Übereinstimmung: in Absatz 1(f) in dem Artikel über Leistungsanforderungen muß eine explizite Bezugnahme auf den Transfer von Rechten an geistigem Eigentum vorgenommen werden.

Keine Übereinstimmung:
(a) ob die vorliegende Formulierung von Absatz 1(f) künftige Rechte an geistigem Eigentum und moralische Rechte angemessen abdeckt; und
(b) ob sich Absatz 1(b) und (c) des Artikels über Leistungsanforderungen auf Rechte an geistigem Eigentum auswirken.

Enteignung

Übereinstimmung: Der Wortlaut muß sicherstellen, daß gewisse Bestimmungen über die Ausübung von geistigem Eigentum und gewisse rechtliche Bestimmungen keine Enteignung darstellen.

Keine Übereinstimmung: vorgeschlagener Wortlaut: »Die Schaffung, die Beschränkung, der Widerruf, die Annullierung, die gesetzliche Genehmigung, die Pflichtgenehmigung und das Pflichtkollektivmanagement von Rechten an geistigem Eigentum, die Einbehaltung von genehmigten Abzügen durch eine Einheit, die mit der kollektiven Wahrnehmung von Rechten an geistigem Eigentum betraut ist, und die Aufteilung von Vergütungen zwischen den Inhabern von Rechten an geistigem Eigentum stellen keine Enteignung im Sinne dieses Abkommens dar, sofern sie mit speziellen Konventionen über Rechte an geistigem Eigentum nicht im Widerspruch stehen.«

(a) ob es eine spezielle Passage über geistiges Eigentum geben soll oder ob ein allgemeiner Text ausreicht, der präzisiert, daß eine Enteignung gewöhnliche staatliche Regulierungstätigkeit nicht einschließt;
(b) ob und wie die Aussage qualifiziert werden soll;
(c) ob die Liste der Aktivitäten erschöpfend oder nur beispielhaft sein soll;
(d) ob der vorliegende Wortlaut künftige Rechte angemessen abdeckt;
(e) ob die Frage der Übereinstimmung mit Übereinkommen über Rechte an geistigem Eigentum positiv formuliert werden soll;
(f) ob ein spezieller Text über geistiges Eigentum im Text des Abkommens, in einer auslegbaren Fußnote oder im Kommentar enthalten sein soll;
(g) ob der Begriff »Schaffung« das beabsichtigte Konzept angemessen abdeckt.

Inländerbehandlung und Meistbegünstigung und allgemeine Behandlung

Übereinstimmung: MAI-Verpflichtungen sollten nicht über Verpflichtungen hinsichtlich Inländerbehandlung/Meistbegünstigung in bestehenden Abkommen über geistiges Eigentum hinausgehen.

Keine Übereinstimmung:
(a) ob es eine Ausnahme im Bereich Inländerbehandlung/Meistbegünstigung durch eine Verbindung mit bestehenden Abkommen über geistiges Eigentum geben soll;
(b) ob es eine Ausnahme im Bereich Inländerbehandlung/Meistbegünstigung von MAI-Verpflichtungen für Rechte an geistigem Eigentum geben soll;
(c) ob die endgültige Lösung auch in den Artikeln über allgemeine Behandlung Anwendung finden soll; und
(d) die Anwendung der MAI-Verpflichtungen im Hinblick auf künftige Rechte an geistigem Eigentum.

Definition von »Kapitalanlage« und »Investor«

Übereinstimmung: Die Definition von »Kapitalanlage« muß präzisiert werden. Die erforderliche Präzisierung hängt von der endgültigen Lösung hinsichtlich der MAI-Verpflichtungen für Rechte an geistigem Eigentum ab.

Keine Übereinstimmung:
(a) ob die Definition von »Kapitalanlage« auf die Rechte an geistigem Eigentum beschränkt sein soll, die im TRIPS-Abkommen (Abkommen über handelsrelevante Aspekte des Schutzes des geistigen Eigentums) enthalten sind;
(b) ob sie Urheberrechte und verwandte Rechte ausschließen soll;
(c) ob sie künftige Rechte an geistigem Eigentum einschließen soll;

(d) ob sie nur die »wirtschaftlichen Aspekte« der Rechte an geistigem Eigentum einschließen soll;
(e) ob sie nur die Rechte einschließen soll, die auf nationaler Ebene gelten; und
(f) welche Auswirkungen die Definition von »Investor« auf einen Inhaber von Rechten an geistigem Eigentum hat.

Streitbeilegung

Übereinstimmung: Experten im Bereich des geistigen Eigentums wollen »forum shopping« und Zuständigkeitsstreit mit der WTO einschränken.

Keine Übereinstimmung:
(a) wie diese Ziele erreicht werden sollen;
(b) ob es wünschenswert ist, Streitbeilegung zwischen Investor und Staat auf Rechte an geistigem Eigentum anzuwenden; und
(c) ob die bestehenden Meistbegünstigungsverpflichtungen im TRIPS-Abkommen das Risiko von »Trittbrettfahrern« bergen.

Informationsübermittlung und Datenverarbeitung

Übereinstimmung: Es bestehen Bedenken, daß der Text über die Verallgemeinerung von Finanzdienstleistungen (siehe Informationsübermittlung und Datenverarbeitung) sich auf die Rechte an geistigem Eigentum auswirken kann und eventuell geändert oder gestrichen werden muß, um diesen Bedenken Rechnung zu tragen.

Erschöpfung von Rechten

Keine Übereinstimmung: ob diese Frage überhaupt angeschnitten werden soll, um sicherzustellen, daß das MAI keine neuen Verpflichtungen in diesem Bereich schafft.

Öffentliche Schulden

Unternehmenspraktiken

F & E im Bereich Technologie

Keine Senkung von Standards

[Alternative 1
Die Parteien erkennen an, daß es unangemessen ist, Kapitalanlagen zu fördern, indem [nationale] [Standards] [Maßnahmen] in den Bereichen Gesundheit, Sicherheit oder Umwelt gesenkt oder [Kern] [nationale] Arbeitsstandards gelockert werden. Entsprechend sollte eine Partei diese [Standards] [Maßnahmen] nicht als Ermutigung zur Errichtung, zum Erwerb, zur Erweiterung oder zum Erhalt einer Kapitalanlage seitens eines Investors in ihrem Hoheitsgebiet aufgeben oder aufheben. Wenn eine Partei glaubt, daß eine andere Partei eine solche Ermutigung angeboten hat, kann sie um Beratungen mit der anderen ersuchen, und die beiden Parteien beraten sich in der Absicht, solche Ermutigungen zu vermeiden.

Alternative 2
Eine Vertragspartei [wird] [sollte] [nationale] [Maßnahmen] [Standards] in den Bereichen Gesundheit, Sicherheit oder Umwelt oder [Kern] [nationale] Arbeitsstandards nicht als Ermutigung zur Errichtung, zum Erwerb, zur Erweiterung oder zum Erhalt von Kapitalanlagen eines Investors aufgeben oder aufheben oder dies anbieten.]

Alternative 3
[1. Die Parteien erkennen an, daß es unangemessen ist, Investitionen durch die Absenkung von einheimischen Gesundheits-,

Sicherheits- oder Umweltregeln oder durch die Lockerung von internationalen Kernarbeitsstandards anzuwerben.

2. Eine Vertragspartei [wird] [sollte] Investoren einer anderen Vertragspartei und ihren Investitionen keine günstigere Behandlung als ihren eigenen Investoren gewähren, indem sie ihre inländischen Gesundheits-, Sicherheits-, Umwelt- oder Arbeitsregeln für unanwendbar erklärt oder dies anbietet, und zwar im Hinblick auf die Errichtung, den Erwerb, die Erweiterung, die Tätigkeit, Ausübung, Erhaltung, Gebrauch, den Nutzen, den Verkauf oder eine andere Verfügung über die Investition.
3. Eine Vertragspartei [wird] [sollte] keine Maßnahmen ergreifen, die internationale Gesundheits-, Sicherheits- oder Umweltbestimmungen oder internationale Kernarbeitsstandards für unanwendbar erklären oder dies anbieten als ein Mittel, um Investitionen in ihrem Hoheitsgebiet anzuwerben].

Alternative 4

[1. Die Parteien erkennen an, daß es unangemessen ist, Investitionen durch die Auflockerung von Gesundheits-, Sicherheits- oder Umweltregeln anzuwerben.
2. Demgemäß wird eine Vertragspartei Investoren einer anderen Vertragspartei und ihren Investitionen keine günstigere Behandlung als ihren eigenen Investoren und deren Investitionen gewähren, indem sie von Gesundheits-, Sicherheits- oder Umweltregeln abweicht oder dies anbietet im Hinblick auf die Errichtung, den Erwerb, die Erweiterung, die Tätigkeit, die Ausübung, Erhaltung, Gebrauch, Nutzen, Verkauf oder andere Verfügungen über eine Investition.
3. Außerdem sollte eine Vertragspartei Investitionen nicht durch die Absenkung ihrer Gesundheits-, Sicherheits- und Umweltstandards im allgemeinen anwerben. Falls eine Partei der Auffassung ist, daß eine andere Partei eine solche Maßnahme getroffen hat, ist sie berechtigt, die andere Partei um Konsultationen zu bitten, und die beiden Parteien werden derartige

Konsultationen mit dem Ziel, solche Anwerbungsmaßnahmen zu vermeiden, durchführen.]

Vorgeschlagene »Zusatzklausel« über Arbeit und Umwelt

IV. Schutz von Kapitalanlagen

1. Allgemeine Behandlung

1.1. Jede Vertragspartei behandelt Kapitalanlagen in ihrem Hoheitsgebiet von Investoren einer anderen Vertragspartei gerecht und billig und gewährt ihnen vollen und dauerhaften Schutz und Sicherheit. Keinesfalls gewährt eine Vertragspartei eine weniger günstige Behandlung als im Völkerrecht vorgesehen.

1.2. Eine Vertragspartei beeinträchtigt nicht durch [unangemessene oder diskriminierende] [unangemessene und diskriminierende] Maßnahmen den Betrieb, die Verwaltung, die Erhaltung, den Gebrauch, die Nutzung oder die Verfügung über Kapitalanlagen in ihrem Hoheitsgebiet von Investoren einer anderen Vertragspartei.

2. Enteignung und Entschädigung

2.1. Eine Vertragspartei nimmt keine direkte oder indirekte Enteignung oder Verstaatlichung einer Kapitalanlage in ihrem Hoheitsgebiet von einem Investor einer anderen Vertragspartei vor oder ergreift eine Maßnahme oder Maßnahmen mit derselben Auswirkung (im folgenden »Enteignung« genannt) außer:

a) zu einem Zweck, der im öffentlichen Interesse liegt,
b) auf der Grundlage der Gleichbehandlung,
c) in einem ordentlichen Verfahren und
d) gegen Zahlung einer sofortigen, angemessenen und effektiven Entschädigung gemäß Artikel 2.2. bis 2.5. unten.

2.2. Die Entschädigung wird unverzüglich gezahlt.

2.3. Die Entschädigung hat dem tatsächlichen Marktwert der enteigneten Kapitalanlage unmittelbar vor der Enteignung zu entsprechen. Der tatsächliche Marktwert darf keine Wertänderung widerspiegeln, die sich daraus ergibt, daß die Enteignung zuvor öffentlich bekanntgeworden war.

2.4. Die Entschädigung muß voll verwertbar und frei transferierbar sein.

2.5. [Die Entschädigung umfaßt den handelsüblichen Zinssatz auf einer Marktgrundlage für die entsprechende Währung vom Zeitpunkt der Enteignung bis zum Zeitpunkt der tatsächlichen Zahlung.]

2.6. Ein ordentliches Verfahren umfaßt insbesondere das Recht eines Investors einer Vertragspartei, der angibt, von einer Enteignung durch eine andere Vertragspartei betroffen zu sein, auf eine unverzügliche Überprüfung seines Falles, einschließlich der Bewertung einer Kapitalanlage und der Zahlung der Entschädigung gemäß den Bestimmungen dieses Artikels, durch eine Justizbehörde oder eine andere zuständige und unabhängige Behörde der zuletzt genannten Vertragspartei.

3. Schutz vor Unfrieden

3.1. Ein Investor einer Vertragspartei, der Verluste bezüglich seiner Kapitalanlagen im Hoheitsgebiet einer anderen Vertragspartei durch Krieg oder sonstige bewaffnete Auseinandersetzungen, Notstand, Revolution, Aufruhr, Bürgerunruhen oder ein ähnliches Ereignis im Hoheitsgebiet der zuletzt genannten Vertragspartei erlitten hat, wird von dieser Vertragspartei hinsichtlich Rückerstattungen, Abfindungen, Entschädigungen oder einer sonstigen Begleichung nicht weniger günstig behandelt als seine eigenen Investoren oder die Investoren eines Drittstaates, je nachdem, was für den Investor am günstigsten ist.

3.2. Ungeachtet Artikel 3.1. erhält ein Investor einer Vertragspartei, der in einer der in jenem Absatz genannten Situationen einen Verlust im Hoheitsgebiet einer anderen Vertragspartei aufgrund

(a) der Beschlagnahmung seiner Kapitalanlage oder eines Teils davon durch die Streitkräfte oder Behörden der zuletzt genannten Vertragspartei oder

(b) der Zerstörung seiner Kapitalanlage oder eines Teils davon durch die Streitkräfte oder Behörden der zuletzt genannten Vertragspartei, welche aufgrund der gegebenen Situation nicht erforderlich war,

erleidet, von der zuletzt genannten Vertragspartei eine Rückerstattung oder Entschädigung, wobei dies unverzüglich, angemessen und effektiv und im Falle der Entschädigung gemäß Artikel 2.1. bis 2.5. geschehen muß.

4. Transfers

4.1. Jede Vertragspartei gewährleistet, daß alle Zahlungen im Zusammenhang mit einer Kapitalanlage im Hoheitsgebiet eines Investors einer anderen Vertragspartei unverzüglich und frei in ihr und aus ihrem Hoheitsgebiet transferiert werden können. Diese Transfers umfassen insbesondere, aber nicht ausschließlich:

a) das ursprüngliche Kapital und zusätzliche Beträge zur Aufrechterhaltung oder Ausweitung der Kapitalanlage;
b) Erträge;
c) Zahlungen auf der Grundlage eines Vertrages, einschließlich eines Kreditvertrages;
d) den Erlös aus der vollständigen oder teilweisen Veräußerung oder Liquidation der Kapitalanlage;
e) Entschädigungszahlungen gemäß Artikel 2 und 3;
f) Zahlungen aufgrund einer Streitbeilegung;
g) den Verdienst oder die sonstige Vergütung von Personal aus dem Ausland im Zusammenhang mit einer Kapitalanlage.

4.2. Jede Vertragspartei gewährleistet darüber hinaus, daß diese

Transfers in einer frei konvertierbaren Währung vorgenommen werden können. [Eine frei konvertierbare Währung heißt eine Währung, die auf internationalen Devisenmärkten häufig gehandelt und in internationalen Transaktionen häufig verwendet wird.] oder [Eine frei konvertierbare Währung heißt eine Währung, die tatsächlich für Zahlungen für internationale Transaktionen häufig verwendet wird und auf den wichtigsten Devisenmärkten häufig gehandelt wird.]

4.3. Jede Vertragspartei gewährleistet darüber hinaus auch, daß diese Transfers zu dem am Tag des Transfers geltenden Marktkurs vorgenommen werden können.

[4.4. Gibt es keinen Devisenmarkt, so gilt als Kurs der aktuellste Wechselkurs für die Umrechnung von Währungen in Sonderziehungsrechte.]

4.5. Ungeachtet Artikel 4.1(b) oben kann eine Vertragspartei den Transfer eines Ertrages in Sachwerten einschränken, wenn es der Vertragspartei gemäß GATT 1994 gestattet ist, die Ausfuhr oder den Verkauf zur Ausfuhr des Produkts, das den Ertrag in Sachwerten darstellt, einzuschränken oder zu untersagen. Nichtsdestotrotz gewährleistet eine Vertragspartei, daß Transfers von Erträgen in Sachwerten wie genehmigt bzw. wie in einem Investitionsabkommen, einer Investitionsgenehmigung oder einem sonstigen schriftlichen Abkommen zwischen der Vertragspartei und einem Investor oder einer Kapitalanlage einer anderen Vertragspartei festgelegt, vorgenommen werden können.

4.6. Ungeachtet Absatz 1 bis 5 dieses Artikels kann eine Vertragspartei einen Transfer durch die gerechte Anwendung von Maßnahmen in gutem Glauben und auf der Grundlage der Gleichbehandlung verzögern oder verhindern:
(a) um die Rechte von Gläubigern zu schützen,
(b) in bezug auf oder zur Gewährleistung der Beachtung von Gesetzen und Verordnungen
  (i) über die Emission von und den Handel mit Wertpapieren, Terminwaren und Derivaten,

(ii) bezüglich Berichten oder Aufstellungen von Transfers oder

(c) im Zusammenhang mit strafrechtlichen Delikten oder Anordnungen oder Urteilen in Verwaltungs- und Rechtsverfahren,

vorausgesetzt, daß diese Maßnahmen und ihre Anwendung nicht als Mittel eingesetzt werden, um die Verpflichtungen der Vertragspartei gemäß dem Abkommen zu unterlaufen.

5. Informationsübermittlung und Datenverarbeitung

1. Keine Vertragspartei ergreift Maßnahmen, welche die Übermittlung von Informationen oder die Verarbeitung von Daten außerhalb des Hoheitsgebiets einer Vertragspartei verhindern, einschließlich der Übermittlung von Daten auf elektronischem Wege, wenn die Übermittlung von Informationen bzw. die Verarbeitung von Daten:
   a) für den normalen Geschäftsbetrieb eines Unternehmens mit Sitz in einer Vertragspartei, das die Kapitalanlage eines Investors einer anderen Vertragspartei ist, notwendig ist; oder
   b) im Zusammenhang mit dem Kauf oder Verkauf seitens eines Unternehmens mit Sitz in einer Vertragspartei, das die Kapitalanlage eines Investors einer anderen Vertragspartei ist, von:
      i) Datenverarbeitungsdienstleistungen; oder
      ii) Informationen, einschließlich für Dritte oder von Dritten.
2. Ungeachtet Absatz 1:
   a) muß das Unternehmen seinen Aufzeichnungs- und Berichtspflichten nachkommen, und
   b) hat eine Vertragspartei uneingeschränkt das Recht, die Privatsphäre zu schützen, einschließlich des Schutzes persönlicher Daten, geistigen und betrieblichen Eigentums, und die Vertraulichkeit persönlicher Aufzeichnungen und von Ge-

schäftsbüchern, solange dieses Recht nicht dazu mißbraucht wird, die Bestimmungen dieses Abkommens zu umgehen.

6. Subrogation

Leistet eine Vertragspartei oder die von ihr bestimmte Agentur eine Zahlung aufgrund einer Gewährleistung, einer Bürgschaft oder eines Versicherungsvertrages bezüglich einer Kapitalanlage eines Investors im Hoheitsgebiet einer anderen Vertragspartei, so erkennt die zuletzt genannte Vertragspartei die Übertragung aller Rechte oder Ansprüche dieses Investors auf die erstgenannte Vertragspartei oder deren von ihr bestimmten Agentur und das Recht der erstgenannten Vertragspartei bzw. deren von ihr bestimmten Agentur an, dieses Recht bzw. diesen Anspruch aufgrund der übertragenen Rechte und Ansprüche in demselben Umfang wie ihr Rechtsvorgänger auszuüben bzw. geltend zu machen.

7. Schutz bestehender Kapitalanlagen

[Dieses Abkommen gilt für die betreffenden Vertragsparteien für Kapitalanlagen, die [in Übereinstimmung mit den Rechtsvorschriften der Vertragspartei, in der sie vorgenommen wurden,] vor seinem Inkrafttreten vorgenommen wurden, sowie für Kapitalanlagen, die danach vorgenommen wurden. Dieses Abkommen gilt nicht für Ansprüche, die aus Ereignissen vor seinem Inkrafttreten resultieren oder die vor seinem Inkrafttreten beglichen worden waren.] oder [Dieses Abkommen gilt für Kapitalanlagen, die beim Inkrafttreten bereits existierten, ebenso wie für solche, die danach getätigt oder erworben wurden.]

V. Streitbeilegung

Zwischenstaatliche Verfahren

A. Allgemeine Bestimmungen

1. Die in Artikel A–C dargelegten Vorschriften und Verfahren gelten für die Konfliktvermeidung und die Beilegung von Streitigkeiten zwischen Vertragsparteien hinsichtlich der Auslegung oder Anwendung des Abkommens, es sei denn, die Streitparteien einigen sich darauf, andere Vorschriften oder Verfahren anzuwenden. Die Streitparteien müssen jedoch die Verpflichtung hinsichtlich der Benachrichtigung der Parteiengruppe und das Recht von Parteien zur Abgabe von Stellungnahmen gemäß Artikel B, Abs. 1.a und 4.c und Artikel C, Absatz 1.a, 4 und 6.e erfüllen bzw. beachten.
2. Vertragsparteien und sonstige an Verfahren Beteiligte schützen vertrauliche oder rechtlich geschützte Informationen, die im Laufe des Verfahrens gemäß Artikel B und C offengelegt und von der die Informationen offenlegenden Partei als solche ausgewiesen werden. Vertragsparteien und sonstige an den Verfahren Beteiligte dürfen diese Informationen ohne schriftliche Genehmigung seitens der die Informationen offenlegenden Partei nicht veröffentlichen.
3. [EG oder Vertragspartei REIO-Text wird für mögliche Einfügung vorbereitet.]

B. Beratung, Schlichtung und Vermittlung

1. Konsultationen

a) Eine oder mehrere Vertragsparteien können jede andere Vertragspartei ersuchen, bezüglich einer Streitigkeit zwischen ihnen über die Auslegung oder Anwendung des Abkommens Konsultationen aufzunehmen. Das Ersuchen wird in schriftlicher Form unterbreitet und enthält ausreichende Informationen zur Erläuterung der Grundlage des Ersuchens, einschließlich der Beschreibung des betreffenden Sachverhalts. Die ersuchte Partei nimmt innerhalb von dreißig Tagen nach Erhalt des Ersuchens die Konsultationen auf. Die ersuchende Vertragspartei übermittelt der Parteiengruppe eine Kopie des Ersuchens um Konsultationen, sobald sie das Ersuchen der anderen Vertragspartei unterbreitet.

b) Eine Vertragspartei darf gegen eine andere Vertragspartei kein Schiedsverfahren gemäß Artikel C einleiten, wenn die erstgenannte Vertragspartei nicht um Konsultationen ersucht und dieser anderen Vertragspartei nicht eine Frist für Beratungen von mindestens 60 Tagen nach Erhalt des Ersuchens eingeräumt hat.

2. Multilaterale Konsultationen

a) Führen Konsultationen gemäß Absatz 1 dieses Artikels nicht innerhalb von 60 Tagen nach Erhalt des Ersuchens um Konsultationen zu einer Streitbeilegung, so können die streitenden Vertragsparteien in gegenseitigem Einvernehmen die Parteiengruppe ersuchen, die Angelegenheit zu prüfen.

b) Dieses Ersuchen wird schriftlich unterbreitet und enthält die Gründe dafür, einschließlich der Beschreibung des betreffenden Sachverhalts, und nennt die Rechtsgrundlage für die Beschwerde.

c) Die Parteiengruppe kann den streitenden Vertragsparteien Empfehlungen erteilen. Die Parteiengruppe beendet ihre Konsultationen innerhalb von 60 Tagen nach Erhalt des Ersuchens.

3. Vermittlung oder Schlichtung

Wenn die Parteien nicht in der Lage sind, in einer Angelegenheit im Rahmen von Konsultationen zu einer beiderseitig zufriedenstellenden Lösung zu gelangen, so können sie auf gute Dienste, Vermittlung oder Schlichtung gemäß Vorschriften und Verfahren, die sie festlegen können, zurückgreifen.

4. Vertraulichkeit von Verfahren, Benachrichtigung über Ergebnisse

a) Verfahren, die Konsultationen, Vermittlung oder Schlichtung einschließen, sind vertraulich.
b) Keine Vertragspartei darf sich in einem bindenden Rechtsverfahren auf eine Aussage oder Stellungnahme berufen oder stützen, die von einer anderen Vertragspartei im Rahmen von Konsultationen oder Schlichtungs- oder Vermittlungsverfahren gemäß diesem Abkommen gemacht bzw. abgegeben wurde, mit Ausnahme der Darlegung von Tatsachen.
c) Die an Konsultationen, Vermittlung oder Schlichtung gemäß diesem Abkommen beteiligten Parteien benachrichtigen die Parteiengruppe über einvernehmliche Lösungen.

C. Schiedsverfahren

1. Anwendungsbereich und Einleitung von Verfahren

a) Jede Streitigkeit zwischen Vertragsparteien bezüglich der Frage, ob eine von ihnen gegen das Abkommen verstoßen hat, wird auf Ersuchen einer Vertragspartei, die von der Streitigkeit betroffen ist und die Beratungsanforderungen gemäß Artikel B erfüllt hat, einem Schiedsgericht zur Entscheidung unterbreitet. Ein Ersuchen, das die Streitfragen darlegt, wird der anderen Partei auf diplomatischem Wege übermittelt, es sei denn, diese Vertragspartei hat einen anderen Weg für den Erhalt der Benachrichtigung genannt und den Depositar entsprechend benachrichtigt, und eine Kopie des Ersuchens wird der Parteiengruppe übermittelt.
b) Eine Vertragspartei kann kein Verfahren gemäß diesem Artikel für eine Streitigkeit einleiten, die ihr Investor einem Schiedsge-

richt gemäß Artikel D unterbreitet hat oder zu unterbreiten bereit ist, es sei denn, die andere Vertragspartei hat den in dieser Streitigkeit ergangenen Schiedsspruch nicht befolgt, oder das Verfahren wurde ohne eine Entscheidung eines Schiedsgerichts über die Forderung des Investors beendet.

c) Wenn es zwischen Vertragsparteien zu einer Streitigkeit bezüglich der Frage kommt, ob eine von ihnen gegen eine im wesentlichen ähnliche Verpflichtung dieser Vertragspartei gemäß diesem Abkommen und gemäß einem anderen Abkommen, deren Parteien beide sind, verstoßen hat, so kann die beschwerdeführende Vertragspartei es zur Entscheidung gemäß dem von ihr gewählten Abkommen unterbreiten. Damit verzichtet sie auf das Recht, die Angelegenheit gemäß dem nicht gewählten Abkommen zur Entscheidung zu unterbreiten.

2. Bildung des Gerichts

a) Innerhalb von 30 Tagen nach Erhalt eines Ersuchens um ein Schiedsverfahren ernennen die Streitparteien einvernehmlich drei Mitglieder des Schiedsgerichts und berufen eines von ihnen zum Vorsitzenden. Von zwingenden Gründen abgesehen werden diese Personen vom Generalsekretär des Zentrums zur Beilegung von Investitionsstreitigkeiten (ICSID) vorgeschlagen. Auf Wunsch einer Partei oder einer Seite, wenn mehr als eine Partei einer der beiden von der Streitigkeit betroffenen Seiten angehört, können zwei weitere Mitglieder ernannt werden, und zwar jeweils eines pro Partei bzw. Seite.

b) Sind die Ernennungen nicht innerhalb der in Absatz a) oben genannten Fristen geschehen, so kann jede von der Streitigkeit betroffene Partei bzw. Seite in Ermangelung einer anderen Vereinbarung den Generalsekretär des Zentrums zur Beilegung von Investitionsstreitigkeiten (ICSID) darum ersuchen, die erforderlichen Ernennungen vorzunehmen. Der Generalsekretär tut dies soweit möglich nach Abstimmung mit den Streitparteien und innerhalb von dreißig Tagen nach Erhalt des Ersuchens.

c) Die Parteien und der Generalsekretär sollten bei der Ernennung zum Schiedsgericht die Mitglieder der gemäß Absatz f) unten geführten Liste berücksichtigen. Wenn eine der streitenden Vertragsparteien oder der Generalsekretär die Meinung vertritt, daß für die Beilegung einer Streitigkeit im Rahmen des Schiedsverfahrens ein Sachverständiger Mitglied des Schiedsgerichts sein sollte und die Beratung durch einen Sachverständigen gemäß den Bestimmungen des Schiedsverfahrens nicht ausreicht, so sollte die Ernennung von Personen mit entsprechender Sachkenntnis, die sich nicht auf der Liste befinden, erwogen werden.

d) Die Mitglieder eines Schiedsgerichts sind unabhängig und unparteiisch.

e) Frei werdende Positionen in einem Schiedsgericht werden gemäß dem Verfahren besetzt, das der ursprünglichen Ernennung zugrunde lag.

f) Die Parteiengruppe führt eine Liste von hochqualifizierten Personen, die dazu bereit und fähig sind, das Amt eines Schiedsrichters gemäß diesem Abkommen auszuüben. Jede Vertragspartei kann bis zu vier Personen benennen, die in die Liste von Mitgliedern aufgenommen werden. Benennungen gelten für einen Zeitraum von fünf Jahren. Nach Ablauf dieses Zeitraums kann die Vertragspartei, die ein Mitglied benannt hat, die Benennung erneuern oder ein neues Mitglied der Liste benennen. Ein Mitglied wird von der Liste gestrichen, wenn es nicht mehr dazu bereit oder fähig ist, das Amt auszuüben, und die Vertragspartei, die dieses Mitglied benannt hat, kann für eine volle Amtsperiode ein anderes Mitglied benennen.

3. Verfahrenszusammenlegung

a) Vertragsparteien, die mit derselben Vertragspartei über dieselbe Angelegenheit streiten, sollten soweit möglich zum Zwecke der Streitbeilegung gemäß diesem Abkommen gemeinsam vorgehen. Wenn mehr als eine Vertragspartei um die Unterbreitung einer Streitigkeit mit derselben Partei in derselben Angelegenheit ersucht, sollte nach Möglichkeit nur ein Schiedsgericht gebildet werden, das sich mit diesen Streitigkeiten befaßt.

b) Wenn mehr als ein Schiedsgericht gebildet wird, werden nach Möglichkeit dieselben Personen als Mitglieder beider Schiedsgerichte ernannt und die Termine der Verfahren abgestimmt.

4. Dritte

Jede Vertragspartei, die dies wünscht, erhält die Gelegenheit, Stellungnahmen über die rechtlichen Aspekte der Streitigkeit mündlich oder schriftlich vor dem Schiedsgericht abzugeben. Diese Vertragspartei erhält Einblick in die Verfahrensunterlagen, sofern es sich nicht um vertrauliche bzw. rechtlich geschützte Informationen gemäß Artikel A, Absatz 2 handelt. Das Schiedsgericht setzt die Fristen für solche Stellungnahmen in Anbetracht der Termine im Rahmen des Verfahrens und benachrichtigt die Parteiengruppe über diese Fristen mindestens dreißig Tage vor deren Ablauf.

5. Wissenschaftliche und technische Gutachten

a) Das Schiedsgericht kann auf Ersuchen einer streitenden Vertragspartei oder auf eigene Initiative, wenn die streitenden Vertragsparteien dies nicht ablehnen, einen schriftlichen Bericht von einem wissenschaftlichen oder technischen Gremium oder Sachverständigen über Sachfragen bezüglich Umwelt, Gesundheit, Sicherheit oder andere wissenschaftliche oder technische Aspekte, die von einer streitenden Vertragspartei im Laufe des Verfahrens aufgeworfen werden, gemäß den von den betreffenden Parteien festgelegten Bedingungen anfordern.

b) Das Gremium bzw. der Sachverständige wird vom Schiedsgericht unter hochqualifizierten, unabhängigen Sachverständigen auf dem wissenschaftlichen oder technischen Gebiet nach Absprache mit den Streitparteien und den von den Parteien genannten wissenschaftlichen bzw. technischen Stellen ausgewählt.

c) Die streitenden Vertragsparteien

   (i) werden im voraus benachrichtigt und erhalten die Gelegenheit, sich gegenüber dem Schiedsgericht bezüglich der vorgeschlagenen Sachfragen, die dem Gremium bzw. Sachverständigen vorgelegt werden sollten, zu äußern; und

(ii) erhalten eine Kopie des Berichts des Gremiums bzw. des Sachverständigen und die Gelegenheit, sich gegenüber dem Schiedsgericht bezüglich des Berichts zu äußern.

d) Das Schiedsgericht berücksichtigt den Bericht und etwaige Stellungnahmen seitens der streitenden Vertragsparteien bezüglich des Berichts bei der Ausarbeitung seines Schiedsspruchs.

6. Verfahren und Schiedssprüche

a) Das Schiedsgericht fällt Entscheidungen bezüglich Streitigkeiten gemäß diesem Abkommen, das im Einklang mit den anwendbaren Regeln des Völkerrechts ausgelegt und angewendet wird.

b) Das Schiedsgericht kann bis zum endgültigen Schiedsspruch auf Ersuchen einer Partei vorläufige Maßnahmen empfehlen, die eine Partei ergreifen sollte, um einen schweren Schaden für die andere Partei zu vermeiden.

c) Das Schiedsgericht legt in seinem Schiedsspruch seine rechtlichen und sachlichen Erkenntnisse sowie die Gründe dafür dar, und es kann auf Ersuchen einer Partei folgende Formen der Wiedergutmachung beschließen:

(i) eine Erklärung, daß eine Handlung einer Partei eine Nichterfüllung ihrer Verpflichtungen gemäß diesem Abkommen darstellt;

(ii) eine Empfehlung, daß eine Partei ihre Handlungen mit ihren Verpflichtungen gemäß diesem Abkommen in Einklang bringen soll;

(iii) finanzielle Entschädigung für entstandene Verluste oder Schäden für den Investor der ersuchenden Partei oder seine Kapitalanlage; und

(iv) jede andere Form der Wiedergutmachung, der die Partei, gegen die sich der Schiedsspruch richtet, zustimmt, einschließlich Rückerstattung in Sachwerten an einen Investor.

d) Das Schiedsgericht faßt seinen Schiedsspruch in Einklang mit der Vertraulichkeitserfordernis gemäß Artikel A, Abs. 2 ab. Es unterbreitet seinen Schiedsspruch den Streitparteien in einer vorläufigen Form und auf vertraulicher Basis, gewöhnlich innerhalb von 180 Tagen nach Bildung des Schiedsgerichts. Die Streitparteien können innerhalb von 30 Tagen danach eine schriftliche Stellungnahme bezüglich eines beliebigen Teils davon abgeben. Das Schiedsgericht erwägt diese Stellungnahmen, kann weitere schriftliche Stellungnahmen der Parteien anfordern und erläßt seinen endgültigen Schiedsspruch innerhalb von 15 Tagen nach Ablauf der Frist für Stellungnahmen.

e) Das Schiedsgericht übermittelt der Parteiengruppe unverzüglich eine Kopie seines endgültigen Schiedsspruchs; diese macht ihn öffentlich zugänglich.

f) Schiedssprüche von Schiedsgerichten sind für die Streitparteien gemäß Absatz 7 unten endgültig und bindend.

g) Jede Partei trägt die Kosten ihrer Vertretung in dem Verfahren. Die Kosten des Schiedsgerichts werden von den Parteien zu gleichen Teilen getragen, sofern das Schiedsgericht keine andere Aufteilung verfügt. Vergütungen und Auslagen für die Mitglieder des Schiedsgerichts richten sich nach den von der Parteiengruppe erstellten Tabellen, die bei Bildung des Schiedsgerichts in Kraft sind.

7. Annullierung

a) Jede Streitpartei kann aus einem oder mehreren der folgenden Gründe um die Annullierung des gesamten Schiedsspruchs oder eines Teils davon ersuchen:

   (i) das Schiedsgericht war nicht ordnungsgemäß zusammengestellt;

   (ii) das Schiedsgericht hat seine Kompetenzen offensichtlich überschritten;

   (iii) ein Mitglied des Schiedsgerichts oder eine Person, die entscheidende Sachkenntnisse oder Beweise unterbreitet hat, ist bestochen worden;

   (iv) es ist erheblich gegen eine wesentliche Verfahrensvorschrift verstoßen worden; oder

(v) der Schiedsspruch nennt nicht die ihm zugrundeliegenden Gründe.

b) Das Ersuchen wird zur Entscheidung einem Schiedsgericht unterbreitet, das gemäß den Vorschriften für eine Streitigkeit gemäß Absatz 1 dieses Artikels gebildet wird und arbeitet.

c) Ein solches Ersuchen muß innerhalb von 120 Tagen nach dem Fällen des Schiedsspruches bzw. nach Aufdeckung der Fakten, die für eine Annullierung auf der Grundlage von Bestechung relevant sind, vorgelegt werden, je nachdem, was später eintritt, in jedem Fall jedoch innerhalb von fünf Jahren nach dem Tag, an dem der Schiedsspruch gefällt wurde.

d) Das Schiedsgericht kann den Schiedsspruch ganz oder teilweise annullieren. Falls der Schiedsspruch annulliert wird, wird die Tatsache der Annullierung der Parteiengruppe mitgeteilt. In einem solchen Fall kann die Streitigkeit einem neuen, gemäß diesem Artikel gebildeten Schiedsgericht oder jedem anderen verfügbaren Forum zur Entscheidung unterbreitet werden, ungeachtet des Verzichts der Vertragsparteien gemäß Absatz 1.c dieses Artikels.

8. Ergänzende Vorschriften

Die Vorschriften des Ständigen Schiedshofes für freiwillige Schiedsverfahren zwischen zwei Staaten gelten in Ergänzung dieser Artikel. Die Parteiengruppe kann ergänzende Bestimmungen erlassen, um das reibungslose Funktionieren dieser Vorschriften zu garantieren, insbesondere um das Verhältnis zwischen diesen Vorschriften und den Vorschriften des Ständigen Schiedshofes für freiwillige Schiedsverfahren zu präzisieren.

9. Vergeltungsmaßnahmen bei Nichterfüllung

a) Wenn eine Vertragspartei ihre Verpflichtungen gemäß dem Schiedsspruch nicht innerhalb eines angemessenen Zeitraums erfüllt, nimmt diese Vertragspartei auf Ersuchen einer Vertragspartei, zu deren Gunsten der Schiedsspruch abgefaßt ist, Beratungen mit dem Ziel auf, eine einvernehmliche Lösung zu finden. Wenn nicht innerhalb von dreißig Tagen, nachdem das Ersuchen um Beratungen unterbreitet wurde, eine befriedigende Lösung gefunden wurde, benachrichtigt die Vertragspartei, zu deren Gunsten der Schiedsspruch abgefaßt ist, die andere Vertragspartei und die Parteiengruppe, falls sie beabsichtigt, [Vergeltungsmaßnahmen zu ergreifen] [die Erfüllung von Verpflichtungen gemäß diesem Abkommen gegenüber der anderen Vertragspartei auszusetzen].

b) Die Auswirkungen dieser [Vergeltungsmaßnahmen] [Aussetzung] müssen bezüglich der Auswirkungen der Nichterfüllung durch die andere Partei verhältnismäßig sein. Diese Maßnahmen dürfen nicht die Aussetzung der Anwendung von Artikel [– (Allgemeine Behandlung) und] – (Enteignung einschließen [und sollten nicht die Verweigerung anderer Schutzmaßnahmen für errichtete Kapitalanlagen einschließen].

c) Auf Ersuchen einer vom Schiedsspruch betroffenen Partei prüft die Parteiengruppe nach Ablauf der Frist von dreißig Tagen für Beratungen die Angelegenheit. [Bis zwanzig Tage nach Erhalt des Ersuchens durch das Sekretariat der Parteiengruppe werden keine Vergeltungsmaßnahmen getroffen.] Die Parteiengruppe kann:
   (i) Empfehlungen aussprechen, und zwar im Konsens unter Ausschluß der streitenden Vertragsparteien;
   (ii) das Recht der den Schiedsspruch mißachtenden Partei aussetzen, sich an den Entscheidungen der Parteiengruppe zu beteiligen, und zwar im Konsens unter Ausschluß der den Schiedsspruch mißachtenden Partei; und
   (iii) [im Konsens unter Ausschluß der Vertragspartei, die beabsichtigt hatte, Vergeltungsmaßnahmen zu ergreifen, entscheiden, daß einige oder alle Maßnahmen nicht ergriffen werden. Die Vertragspartei befolgt diese Entscheidung.]

d) Jede Streitigkeit hinsichtlich der angeblichen Nichterfüllung der Verpflichtungen gemäß dem Schiedsspruch durch eine Vertragspartei oder der Rechtmäßigkeit von Vergeltungsmaßnahmen wird auf Ersuchen einer von der Streitigkeit betroffenen

Vertragspartei dem Schiedsgericht, das den Schiedsspruch gefällt hat, bzw. wenn das ursprüngliche Schiedsgericht nicht zur Verfügung steht, einem vom Generalsekretär bestimmten, aus einem Mitglied oder aus drei Mitgliedern bestehenden Schiedsgericht zur Entscheidung unterbreitet. Das Ersuchen wird auf dieselbe Weise unterbreitet, und das Verfahren wird gemäß denselben Vorschriften durchgeführt, die für ein Ersuchen gemäß Abs. 1.a dieses Artikels gelten, unter Berücksichtigung von Änderungen, die das Schiedsgericht für angemessen hält, und der endgültige Schiedsspruch wird nicht später als 60 Tage nach dem Zeitpunkt des Ersuchens im Falle des ursprünglichen Schiedsgerichts bzw. nach der Bildung im Falle eines neuen Schiedsgerichts gefällt. [Nach dem Zeitpunkt der Unterbreitung des Ersuchens werden keine Vergeltungsmaßnahmen getroffen, es sei denn, das Schiedsgericht genehmigt sie als vorläufige Maßnahme oder erklärt sie für rechtmäßig.]

Verfahren zwischen einem Investor und einem Staat

D. Streitigkeiten zwischen einem Investor und einer Vertragspartei

1. Anwendungsbereich und Status

a) Dieser Artikel gilt für Streitigkeiten zwischen einer Vertragspartei und einem Investor einer anderen Vertragspartei hinsichtlich einer angeblichen Nichterfüllung einer Verpflichtung gemäß diesem Abkommen seitens der erstgenannten, durch die dem Investor oder seiner Kapitalanlage ein Verlust oder Schaden entsteht.

b) Ein Investor einer anderen Vertragspartei kann einem Schiedsverfahren gemäß diesem Artikel auch eine Investitionsstreitigkeit hinsichtlich einer Verpflichtung unterbreiten, die die

Vertragspartei bezüglich einer bestimmten Kapitalanlage des Investors durch

(i) eine von den zuständigen Behörden speziell für den Investor bzw. die Kapitalanlage erteilte Investitionsgenehmigung,

(ii) eine schriftliche Vereinbarung, die Rechte hinsichtlich [Kategorien von Bereichen] erteilt,

übernommen hat, auf die sich der Investor verlassen hat, als er eine Kapitalanlage errichtet, erworben oder erheblich erweitert hat.

2. Möglichkeiten der Streitbeilegung

Eine solche Streitigkeit sollte nach Möglichkeit auf dem Wege der Verhandlung oder Beratung beigelegt werden. Falls sie nicht auf diesem Wege beigelegt wird, kann der Investor wählen, ob er sie zur Beilegung unterbreitet:

a) einem zuständigen Gericht oder Verwaltungsgericht der streitenden Vertragspartei;

b) gemäß einem Streitbeilegungsverfahren, das vor Auftreten der Streitigkeit beschlossen wurde; oder

c) im Rahmen eines Schiedsverfahrens in Übereinstimmung mit diesem Artikel gemäß:

   (i) der Konvention über die Beilegung von Investitionsstreitigkeiten zwischen Staaten und Staatsangehörigen anderer Staaten (der »ICSID-Konvention«), falls die ICSID-Konvention anwendbar ist;

   (ii) den ergänzenden Vorschriften des Zentrums zur Beilegung von Investitionsstreitigkeiten (»ergänzende ICSID-Vorschriften«), falls die ergänzenden ICSID-Vorschriften anwendbar sind;

   (iii) den Schiedsvorschriften der Kommission der Vereinten Nationen für Internationales Handelsrecht (»UNCITRAL«); oder

   (iv) den Schiedsvorschriften der Internationalen Handelskammer (»ICC«).

3. Zustimmung der Vertragspartei

a) Nur vorbehaltlich Absatz 3.b erteilt jede Vertragspartei hiermit ihre uneingeschränkte Zustimmung, daß eine Streitigkeit der internationalen Schiedsgerichtsbarkeit gemäß den Bestimmungen dieses Artikels unterbreitet wird.

b) Eine Vertragspartei kann durch Benachrichtigung des Depositars bei Hinterlegung ihrer Ratifikations- oder Beitrittsurkunde bestimmen, ihre Zustimmung gemäß Abs. 3.a gilt nur unter der Bedingung, daß der Investor und die Kapitalanlage schriftlich ihren Verzicht auf das Recht erklären, ein anderes Streitbeilegungsverfahren hinsichtlich derselben Streitigkeit einzuleiten und sich aus einem solchen laufenden Verfahren vor dessen Abschluß zurückziehen. Eine Vertragspartei kann den Umfang dieser Einschränkung durch Benachrichtigung des Depositars jederzeit verringern.

4. Fristen und Benachrichtigung

Ein Investor kann eine Streitigkeit gemäß Absatz 2.c dieses Artikels sechzig Tage nach dem Zeitpunkt, zu dem die streitende Vertragspartei die Absichtserklärung hierüber erhalten hat, zur Beilegung unterbreiten, spätestens jedoch fünf Jahre nach dem Zeitpunkt, zu dem der Investor von den Ereignissen, die Anlaß zu der Streitigkeit gegeben haben, erfahren hat oder erfahren hätte müssen. Die Absichtserklärung, von welcher der Parteiengruppe eine Kopie übermittelt werden muß, hat folgendes zum Inhalt:

a) den Namen und die Anschrift des streitenden Investors;
b) den Namen und die Anschrift, falls vorhanden, der Kapitalanlage;
c) die Bestimmungen dieses Abkommens, die angeblich verletzt wurden, sowie sonstige relevante Bestimmungen;
d) die Streitfragen und die Grundlage für die Forderung; und
e) die angestrebte Wiedergutmachung, einschließlich der ungefähren Höhe des entstandenen Schadens.

5. Schriftliche Zustimmung der Parteien

Die in Absatz 3.a) erteilte Zustimmung seitens einer Vertragspartei, zusammen mit entweder der schriftlichen Unterbreitung der Streitigkeit zur Beilegung seitens des Investors gemäß Absatz 2.c) oder der schriftlichen Vorabzustimmung des Investors zu dieser Unterbreitung, stellt die schriftliche Zustimmung der Streitparteien zu der Unterbreitung der Streitigkeit zur Beilegung für die Zwecke von Kapitel II der ICSID-Konvention, der ergänzenden ICSID-Vorschriften, von Artikel 1 der UNCITRAL-Schiedsvorschriften, der ICC-Schiedsvorschriften und von Artikel II des Übereinkommens der Vereinten Nationen über die Anerkennung und Vollstreckung ausländischer Schiedssprüche (des »Übereinkommens von New York«) dar. Keine der Parteien kann ihre Zustimmung einseitig zurücknehmen, außer gemäß Absatz 9.e dieses Artikels.

[6. EG oder Vertragspartei REIO-Text wird für eine mögliche Einfügung ausgearbeitet]

7. Ernennungen zum Schiedsrichter

a) Sofern sich die Streitparteien nicht anderweitig einigen, besteht das Schiedsgericht aus drei Schiedsrichtern, wobei je einer von jeder Vertragspartei und der dritte, der als vorsitzender Schiedsrichter handelt, einvernehmlich von den Streitparteien ernannt wird.

b) Wenn ein Schiedsgericht nicht innerhalb von 90 Tagen nach Unterbreitung einer Forderung zum Schiedsverfahren gebildet wurde, werden der Schiedsrichter bzw. die Schiedsrichter, der bzw. die noch nicht berufen wurde bzw. wurden, auf Ersuchen einer der Streitparteien von der Ernennungsstelle ernannt. Für Schiedsgerichtsverfahren gemäß Absatz 2, Buchstabe c(i), c(ii) und c(iii) und Absatz 9 ist die Ernennungsstelle der Generalsekretär des ICSID. Für Schiedsgerichtsverfahren gemäß Absatz 2, Buchstabe c(iv) ist die Ernennungsstelle der ICC-Schiedsgerichtshof.

c) Die Parteien einer Streitigkeit, die gemäß diesem Artikel unterbreitet wurde, und die Ernennungsstelle erwägen die Ernennung von
   (i) Mitgliedern der von den Vertragsparteien gemäß Artikel C, Absatz 2.f geführten Liste; und
   (ii) Personen, die über Sachkenntnisse verfügen, die nicht von der Liste abgedeckt werden, wenn im Rahmen eines Schiedsgerichtsverfahrens bezüglich einer Streitigkeit im Schiedsgericht besondere Sachkenntnisse erforderlich sind und die Auskunft seitens eines Sachverständigen gemäß den Vorschriften über das Schiedsgerichtsverfahren allein nicht ausreicht.

d) Die Ernennungsstelle übt ihre Funktion nach Möglichkeit in Absprache mit den Streitparteien aus.

e) Zur Erleichterung der Ernennung von Schiedsrichtern mit der Staatsangehörigkeit der Parteien in ICSID-Schiedsgerichten mit drei Mitgliedern gemäß Artikel 39 der ICSID-Konvention und Artikel 7 von Anhang C der ergänzenden ICSID-Vorschriften und unbeschadet des Rechtes jeder Partei, unabhängig eine Person als Schiedsrichter zu ernennen oder einen Schiedsrichter aus anderen Gründen als dem der Staatsangehörigkeit abzulehnen,
   (i) stimmt die streitende Vertragspartei der Ernennung jedes einzelnen Mitglieds des Schiedsgerichts gemäß Absatz 2.c(i) oder ii dieses Artikels zu; und
   (ii) kann ein von der Streitigkeit betroffener Investor ein Verfahren gemäß Absatz 2.c(i) oder (ii) nur dann einleiten oder fortführen, wenn der Investor schriftlich der Ernennung jedes einzelnen Mitglieds des Schiedsgerichts zustimmt.

8. Status der Kapitalanlagen

Ein gemäß der Gesetzgebung einer Vertragspartei gegründetes oder geführtes Unternehmen, das vom Zeitpunkt der Ereignisse, die Anlaß der Streitigkeit waren, bis zu ihrer Unterbreitung zur Beilegung gemäß Absatz 2.c eine Kapitalanlage eines Investors einer anderen Vertragspartei war, wird für die Zwecke von Streitigkeiten bezüglich dieser Kapitalanlage als »ein Investor einer anderen Vertragspartei« gemäß diesem Absatz bzw. als »ein Staatsangehöriger einer anderen Vertragspartei« für die Zwecke des Artikel 25(2)(b) der ICSID-Konvention hinsichtlich einer Streitigkeit, die nicht von dem Investor, der die Kapitalanlage besitzt oder kontrolliert, zur Beilegung unterbreitet wurde, betrachtet.

9. Verfahrenszusammenlegung

a) Wenn zwei oder mehr Streitigkeiten, die gemäß Absatz 2.c von einer Vertragspartei zur Beilegung unterbreitet wurden, in einem rechtlichen oder sachlichen Punkt übereinstimmen, kann die Vertragspartei einem gemäß diesem Absatz gebildeten, gesonderten Schiedsgericht ein Ersuchen um die gemeinsame Prüfung der gesamten Streitigkeiten oder von Teilen unterbreiten. Das Ersuchen enthält:
   (i) die Namen und Anschriften der Parteien der Verfahren, die zusammengelegt werden sollen,
   (ii) den Umfang der angestrebten Zusammenlegung, und
   (iii) die Gründe für das Ersuchen.

   Die Vertragspartei übermittelt das Ersuchen jedem Investor, der an den Verfahren beteiligt ist, die zusammengelegt werden sollen, sowie der Parteiengruppe eine Kopie.
b) Das Ersuchen um eine gemeinsame Prüfung wird gemäß den Vorschriften zur Schlichtung unterbreitet, die von den Investoren aus der in Absatz 2.c enthaltenen Liste einvernehmlich ausgewählt werden. Die Investoren handeln für die Zwecke der Bildung des Schiedsgerichts wie eine Seite.
c) Wenn sich die Investoren nicht auf eine Form der Schlichtung und auf die Ernennung eines Schiedsrichters innerhalb von 30 Tagen nach dem Zeitpunkt des Erhalts des Ersuchens um gemeinsame Prüfung durch den letzten Investor geeinigt haben,
   (i) wird das Ersuchen in Übereinstimmung mit diesem Artikel gemäß den UNCITRAL-Vorschriften zur Schlichtung unterbreitet und

(ii) beruft die Ernennungsstelle das gesamte Schiedsgericht in Übereinstimmung mit Absatz 7.

d) Das Schiedsgericht übernimmt die Zuständigkeit für die gesamten Streitigkeiten oder von Teilen davon, und die anderen Schiedsverfahren werden eingestellt oder gegebenenfalls vertagt, wenn es nach Erwägung der Stellungnahmen der Parteien beschließt, daß dies im Interesse einer gerechten und effizienten Beilegung der Streitigkeiten das Beste sei und daß die Streitigkeiten unter den Anwendungsbereich dieses Artikels fallen.

e) Ein Investor kann eine Streitigkeit gemäß diesem Absatz 9 von der Schlichtung zurückziehen, und diese Streitigkeit kann nicht erneut zur Streitbeilegung gemäß Absatz 2.c unterbreitet werden. Wenn dies spätestens 15 Tage nach Erhalt der Benachrichtigung über die Verfahrenszusammenlegung geschieht, läßt die vorhergehende Unterbreitung zur Streitbeilegung die Anrufung eines Schiedsgerichts gemäß einem anderen Verfahren als in Übereinstimmung mit Absatz 2.c unberührt.

f) Auf Ersuchen der Vertragspartei kann das gemäß diesem Artikel gebildete Schiedsgericht auf derselben Grundlage und mit derselben Wirkung wie gemäß Absatz 9.d entscheiden, ob es die Zuständigkeit über die gesamte Streitigkeit, die in den Anwendungsbereich von Absatz 9.a fällt und nach der Eröffnung eines gemeinsamen Verfahrens zur Beilegung unterbreitet wurde, oder über Teile davon übernimmt.

10. Verfahrenshindernde Einreden

a) Jede Einrede gegen die Zuständigkeit des Schiedsgerichts oder die Zulässigkeit der Anwendung muß spätestens in der Klagebeantwortung vorgebracht werden.

b) Bei Erhalt einer solchen Einrede setzt das Schiedsgericht das Verfahren in der Sache aus.

c) Nach Anhörung der Parteien fällt das Schiedsgericht seine Entscheidung, nach der es die Einrede entweder aufrechterhält oder sie innerhalb von 60 Tagen nach dem Zeitpunkt, zu dem die Einrede vorgebracht wurde, ablehnt.

11. Abfindung

Eine Vertragspartei darf nicht aus Gründen der Verteidigung, Gegenforderung, des Aufrechnungsrechts oder aus einem anderen Grund geltend machen, daß eine Abfindung oder eine sonstige Entschädigung für den gesamten vermeintlichen Schaden oder Teile davon gemäß einem Abfindungs-, Bürgschafts- oder Versicherungsvertrag geleistet worden ist oder wird.

12. Rechte Dritter

Das Schiedsgericht benachrichtigt die Parteiengruppe über seine Bildung. Es kann unter Berücksichtigung der Stellungnahmen der Parteien jeder Vertragspartei, die darum ersucht, die Gelegenheit geben, schriftliche Stellungnahmen zu den relevanten rechtlichen Fragen der Streitigkeit abzugeben, vorausgesetzt, das Verfahren wird dadurch nicht ungebührlich verzögert. Jede Vertragspartei, die darum innerhalb von dreißig Tagen nach Erhalt der Benachrichtigung über die Bildung des Schiedsgerichts seitens der Parteiengruppe ersucht, erhält eine Gelegenheit, Stellungnahmen zu Streitfragen abzugeben, an der sie ein rechtliches Interesse hat.

13. Wissenschaftliche und technische Sachkenntnisse

a) Das Schiedsgericht kann auf Ersuchen einer streitenden Vertragspartei oder auf eigene Veranlassung, wenn die streitenden Vertragsparteien dies nicht ablehnen, einen schriftlichen Bericht von einem wissenschaftlichen oder technischen Gremium oder Sachverständigen über Sachfragen bezüglich Umwelt, Gesundheit, Sicherheit oder andere wissenschaftliche oder technische Aspekte, die von einer streitenden Vertragspartei oder im Laufe des Verfahrens aufgeworfen werden, gemäß den von den betreffenden Parteien festgelegten Bedingungen anfordern.
b) Das Gremium bzw. der Sachverständige wird vom Schiedsgericht unter hochqualifizierten, unabhängigen Sachverständigen auf dem wissenschaftlichen oder technischen Gebiet nach Rücksprache mit den Streitparteien und den von den Parteien genannten wissenschaftlichen bzw. technischen Stellen ausgewählt.

c) Die streitenden Vertragsparteien
   (i) werden vorab benachrichtigt und erhalten die Gelegenheit, sich gegenüber dem Schiedsgericht bezüglich der vorgeschlagenen Sachfragen, die dem Gremium bzw. Sachverständigen vorgelegt werden sollten, zu äußern; und
   (ii) erhalten eine Kopie des Berichts des Gremiums bzw. des Sachverständigen und die Gelegenheit, sich gegenüber dem Schiedsgericht bezüglich des Berichts zu äußern.
d) Das Schiedsgericht berücksichtigt den Bericht und etwaige Stellungnahmen seitens der streitenden Vertragsparteien bezüglich des Berichts bei der Erstellung seines Schiedsspruchs.

14. Anwendbares Recht

a) Streitfragen gemäß Absatz 1.a dieses Artikels werden in Übereinstimmung mit diesem Abkommen entschieden, das im Einklang mit den anwendbaren Regeln des Völkerrechts ausgelegt und angewendet wird.
b) Streitfragen gemäß Absatz 1.b dieses Artikels werden in Übereinstimmung mit den Rechtsvorschriften entschieden, auf die sich die Streitparteien einigen. Wenn eine solche Vereinbarung nicht vorliegt, werden diese Streitfragen in Übereinstimmung mit dem Recht der von der Streitigkeit betroffenen Vertragspartei (einschließlich ihrer Vorschriften über Gesetzeskollision), dem Gesetz oder die Vereinbarung über die Genehmigung oder den anwendbaren völkerrechtlichen Regeln entschieden.

15. Vorläufige Wiedergutmachungsmaßnahmen

a) Ein gemäß diesem Artikel gebildetes Schiedsgericht kann eine vorläufige Schutzmaßnahme empfehlen, um die Rechte einer streitenden Vertragspartei zu wahren oder sicherzustellen, daß die Zuständigkeit des Schiedsgerichts umfassend gewahrt wird.
b) Das Ersuchen um vorläufige Wiedergutmachung, die keine Schadensersatzzahlungen umfaßt, bei Schiedsgerichten oder Verwaltungsgerichten seitens einer Partei, die zur Wahrung ihrer Rechte und Interessen gemäß diesem Artikel eine Streitig-

keit zur Schlichtung unterbreitet hat, wird nicht als Unterbreitung der Streitigkeit zur Schlichtung für die Zwecke der Einschränkung der Zustimmung einer Vertragspartei gemäß Artikel 3.b erachtet und ist in der Schlichtung gemäß den Bestimmungen von Absatz 2.c zulässig.

16. Endgültige Schiedssprüche

a) Das Schiedsgericht legt in seinem Schiedsspruch seine rechtlichen Feststellungen und Tatsachenfeststellungen sowie die Gründe dafür dar und kann auf Ersuchen einer Partei die folgenden Formen der Wiedergutmachung festsetzen:
   (i) eine Erklärung, daß die Vertragspartei ihre Verpflichtungen gemäß diesem Abkommen nicht erfüllt hat;
   (ii) finanzielle Entschädigung einschließlich Zinsen vom Zeitpunkt, zu dem der Verlust oder Schaden eingetreten ist, bis zur Zahlung;
   (iii) Rückerstattung in Sachwerten in angemessenen Fällen, vorausgesetzt, die Vertragspartei kann statt dessen eine finanzielle Entschädigung leisten, wenn die Rückerstattung nicht praktikabel ist; und
   (iv) mit der Zustimmung der Streitparteien jede andere Form der Wiedergutmachung.
b) In angemessenen Fällen, in denen der Verlust oder Schaden in einer Kapitalanlage entstanden ist, die als laufender Betrieb bestehen bleibt, kann das Schiedsgericht anordnen, daß die Entschädigung oder Rückerstattung an die Kapitalanlage geleistet wird.
c) Ein Schiedsspruch ist für die Streitparteien endgültig und bindend und wird unverzüglich von der Partei umgesetzt, gegen die er ergeht, vorbehaltlich deren Rechte nach Erlaß des Schiedsspruchs gemäß den angewandten Schiedsverfahren.
d) der Schiedsspruch wird in Einklang mit den Erfordernissen von Absatz 17 abgefaßt und ist ein öffentlich zugängliches Dokument. Eine Kopie des Schiedsspruches wird der Parteiengruppe vom Generalsekretär der ICSID im Falle eines Schiedsspruches

gemäß der ICSID-Konvention oder gemäß den ergänzenden ICSID-Vorschriften übermittelt; vom Generalsekretär des ICC-Schiedsgerichtshofs im Falle eines Schiedsspruches gemäß dessen Vorschriften; und vom Schiedsgericht im Falle eines Schiedsspruches gemäß den UNCITRAL-Vorschriften.

17. Vertrauliche und rechtlich geschützte Informationen
Die Parteien und sonstigen Verfahrensbeteiligten schützen alle vertraulichen und rechtlich geschützten Informationen, die im Laufe des Verfahrens erteilt und von der Partei, die sie liefert, als solche bezeichnet werden. Sie legen solche Informationen ohne schriftliche Genehmigung der Partei, die sie liefert, nicht offen.

18. Ort des Schiedsverfahrens und Vollstreckungsort
Jede Streitschlichtung gemäß diesem Artikel findet in einem Staat statt, der Vertragspartei des Übereinkommens von New York ist. Forderungen, die gemäß diesem Artikel unterbreitet werden, werden als Folge einer wirtschaftlichen Beziehung oder Transaktion für die Zwecke von Artikel 1 dieses Übereinkommens erachtet. Jede Partei gewährleistet die Vollstreckung der finanziellen Verpflichtungen gemäß einem Schiedsspruch, der in Übereinstimmung mit diesem Artikel D gefällt wird.

19. Vergütung der Mitglieder des Schiedsgerichts
Die Vergütung und die Auslagen eines Mitglieds eines gemäß diesen Artikeln gebildeten Schiedsgerichts unterliegen den von der Parteiengruppe erstellten Tabellen, die bei Bildung des Schiedsgerichts in Kraft sind.

20. Ergänzende Bestimmungen
Die Parteiengruppe kann ergänzende Bestimmungen erlassen, um die reibungslose Anwendung dieser Vorschriften zu gewährleisten, insbesondere um die Beziehung zwischen diesen Vorschriften und den Schlichtungsvorschriften gemäß Absatz 2.c dieses Artikels D zu verdeutlichen.

VI. Ausnahmen und Schutzklauseln

Allgemeine Ausnahmen

1. Dieser Artikel gilt nicht für Artikel IV, 2 und 3 (Enteignung und Entschädigung sowie Schutz vor Unfrieden).
2. Nichts in diesem Abkommen ist so auszulegen, daß:
   a) eine Vertragspartei daran gehindert wird, Maßnahmen zu ergreifen, die sie für notwendig erachtet, um ihre grundlegenden Sicherheitsinteressen zu wahren:
      (i) in Zeiten eines Krieges, eines bewaffneten Konflikts oder anderer Ausnahmesituationen im Rahmen internationaler Beziehungen;
      (ii) im Rahmen der Umsetzung ihrer Innenpolitik oder internationaler Abkommen, welche die Nichtverbreitung von Massenvernichtungswaffen zum Gegenstand haben;
      (iii) die mit der Herstellung von Waffen und Munition verbunden sind;
   b) eine Vertragspartei dazu gezwungen ist, Informationen zu erteilen oder Zugang dazu zu gewähren, deren Offenlegung ihrer Meinung nach ihren grundlegenden Sicherheitsinteressen zuwiderläuft;
   c) eine Vertragspartei daran gehindert wird, Maßnahmen zu ergreifen, die sie als notwendig erachtet, um ihre Verpflichtungen im Rahmen der UN-Charta zur Erhaltung des internationalen Friedens und der Sicherheit erfüllen zu können.
3. Vorbehaltlich der Voraussetzung, daß diese Maßnahmen nicht in einer Art und Weise Anwendung finden, die eine willkürliche oder ungerechtfertigte Diskriminierung der Vertragsparteien untereinander darstellt, oder eine versteckte Investitionsbeschränkung, ist keine Bestimmung dieses Übereinkommens so

auszulegen, daß eine Vertragspartei daran gehindert wird, Maßnahmen zu ergreifen, die für die Aufrechterhaltung der öffentlichen Ordnung notwendig sind.

4. Die gemäß diesem Artikel ergriffenen Maßnahmen werden der Gruppe der Vertragsparteien mitgeteilt.
5. Hat eine Vertragspartei (»die antragstellende Partei«) Grund zu der Annahme, daß die von einer anderen Vertragspartei (»die andere Partei«) im Sinne dieses Artikels ergriffenen Maßnahmen aus rein wirtschaftlichen Gründen ergriffen worden sind oder daß diese Maßnahmen in keinem Verhältnis zu dem zu schützenden Interesse stehen, so kann sie gemäß Artikel V, B.1 (Zwischenstaatliche Konsultationsverfahren) die andere Partei um zwischenstaatliche Konsultationen bitten. Die andere Partei legt der antragstellenden Partei Informationen über die von ihr ergriffenen Maßnahmen vor und erläutert die Gründe dafür.

Transaktionen im Rahmen von Währungs- und Wechselkurspolitik

1. Artikel X (Inländerbehandlung), Y (Meistbegünstigungsklausel) und Z (Transparenz) gelten nicht für Transaktionen, die von einer Zentralbank oder einer Finanzbehörde einer Vertragspartei im Rahmen ihrer Finanz- und Wechselkurspolitik ausgeführt werden.
2. In den Fällen, in denen solche Transaktionen unvereinbar mit den Artikeln X (Inländerbehandlung), Y (Meistbegünstigungsklausel) und Z (Transparenz) sind, dürfen sie nicht als Mittel eingesetzt werden, um die Verpflichtung oder Zusagen einer Vertragspartei im Rahmen des Abkommens zu umgehen.

Vorübergehende Schutzklauseln

1. Eine Vertragspartei hat das Recht, Maßnahmen zu erlassen oder aufrechtzuerhalten, die mit ihren folgenden Verpflichtungen nicht im Einklang stehen:
   - Artikel xx (Transfers);
   - [Artikel yy, Absatz 1.1 (Inländerbehandlung) für grenzüberschreitende Kapitaltransaktionen];

   (a) Im Falle ernsthafter Zahlungsbilanzschwierigkeiten und externer finanzieller Schwierigkeiten oder einer möglichen Bedrohung durch diese oder

   (b) in den Fällen, in denen Kapitalströme unter Ausnahmebedingungen ernsthafte Schwierigkeiten für die makroökonomische Steuerung, insbesondere die Geld- und Wechselkurspolitik verursachen oder verursachen können.
2. Die in Absatz 1 genannten Maßnahmen:

   (a) müssen im Einklang mit den Artikeln des Abkommens des Internationalen Währungsfonds stehen;

   (b) dürfen nicht über die Maßnahmen hinausgehen, die erforderlich sind, um sich den in Absatz 1 dargestellten Umständen stellen zu können;

   (c) müssen vorübergehender Art sein und sind unverzüglich zu beenden, sobald die Umstände dies zulassen.
3. (a) Die in Absatz 1 genannten Maßnahmen werden, einschließlich Änderungen dieser Maßnahmen, der Parteiengruppe und dem Internationalen Währungsfonds mitgeteilt.

   (b) Die in Absatz 1 aufgeführten Maßnahmen und Änderungen daran werden binnen sechs Monaten nach deren Verabschiedung sowie im Anschluß daran alle sechs Monate überprüft und genehmigt, bis sie endgültig beendet werden.

   (c) Dabei wird überprüft, ob die Maßnahmen mit Absatz 2 im Einklang stehen, insbesondere mit der Beendigung von Maßnahmen gemäß Absatz 2c.
4. Die in Absatz 1 aufgeführten Maßnahmen und Änderungen daran, die vom Internationalen Währungsfonds bei der Aus-

übung seiner Gerichtsbarkeit genehmigt werden, gelten als im Einklang mit diesem Artikel.

5. Bezüglich der Maßnahmen und Änderungen daran, die nicht in den Anwendungsbereich von Absatz 4 fallen, gilt:
   (a) Die Parteiengruppe untersucht, wie sich die im Rahmen dieses Artikels ergriffenen Maßnahmen auf die Verpflichtung der betreffenden Vertragspartei dieses Abkommens auswirken.
   (b) Die Parteiengruppe bittet den IWF, die unter Absatz 1 genannten Umstände zu untersuchen und zu prüfen, ob die Maßnahmen mit Absatz 2 im Einklang stehen. Eine solche Bewertung durch den IWF wird von der Parteiengruppe akzeptiert.
   (c) Erst wenn der IWF zu der Entscheidung gelangt, daß die Maßnahmen mit den Bestimmungen dieses Artikels vereinbar bzw. unvereinbar sind, stimmt die Parteiengruppe ihnen zu oder lehnt sie ab. Die Parteiengruppe legt zu diesem Zweck ein Verfahren fest.
6. Die Vertragsparteien streben eine Einigung mit dem IWF über die Rolle an, die der Fonds bei dem im Rahmen dieses Artikels festgelegten Überprüfungsverfahren spielt.
7. Maßnahmen gemäß Absatz 1 sowie Änderungen daran, denen der IWF in Ausübung seiner Gerichtsbarkeit zugestimmt hat oder die vom IWF und der Parteiengruppe als im Einklang mit diesem Artikel angesehen werden, können nicht der Streitschlichtung unterworfen werden.

Zusätzlicher Artikel:
Falls eine Streitigkeit über diesen Artikel oder über Artikel … (Verpflichtungen aus dem IWF-Abkommen) entsteht, wird ein Schiedsgericht den IWF um eine Bewertung bitten, ob die Maßnahmen mit dem IWF-Abkommen und mit den in Absatz 1 und 2 genannten Voraussetzungen vereinbar sind. Jegliche Bewertung durch den IWF wird von dem Schiedsgericht akzeptiert.

VII. Finanzdienstleistungen

Aufsichtsmassnahmen

1. Unbeschadet sonstiger Bestimmungen dieses Abkommens darf eine Vertragspartei nicht daran gehindert werden, Aufsichtsmaßnahmen im Hinblick auf Finanzdienstleistungen zu treffen; dazu gehören auch Maßnahmen zum Schutz von Investoren, Deponenten, Versicherungsnehmern oder Personen, denen ein Finanzdienstleistungen erbringendes Unternehmen Treuhandpflichten schuldet oder um die Integrität und Stabilität ihres Finanzwesens zu gewährleisten.
2. In den Fällen, in denen solche Maßnahmen nicht mit den Bestimmungen dieses Abkommens im Einklang stehen, dürfen sie für die betreffende Vertragspartei nicht als Vorwand dienen, um die Zusagen und Verpflichtungen im Rahmen dieses Übereinkommens zu umgehen.

Anerkennungsverfahren

1. Eine Vertragspartei kann die von einer anderen Vertragspartei oder Nichtvertragspartei ergriffenen Aufsichtsmaßnahmen anerkennen, um zu bestimmen, wie die von dieser Partei ergriffenen Maßnahmen bezüglich der Finanzdienstleistungen anzuwenden sind. Eine solche Anerkennung, die durch eine Angleichung oder anders erreicht werden kann, kann auf der Grundlage eines Abkommens oder einer Vereinbarung mit der jeweils anderen Vertragspartei oder Nichtvertragspartei geschehen.
2. Eine Vertragspartei, die einem bereits geltenden oder künftigen Abkommen oder Vereinbarung wie der in Absatz 1 beschriebenen angehört, bietet anderen interessierten Vertragsparteien

ausreichend Gelegenheit, ihren Beitritt zu einem solchen Abkommen bzw. einer solchen Vereinbarung bzw. ähnliche Abkommen oder Vereinbarungen zu verhandeln, unter Umständen, die ähnliche Regelungen, Übersichten und die Umsetzung der Regelungen und gegebenenfalls Verfahren zum Informationsaustausch untereinander gewährleisten. Für den Fall, daß eine Vertragspartei die Anerkennung autonom ausspricht, bietet sie anderen Vertragsparteien ausreichend Gelegenheit, um das Vorliegen solcher Umstände nachzuweisen.

Genehmigungsverfahren

1. Die Aufsichtsbehörden der Vertragsparteien informieren Interessenten darüber, welche Auflagen sie erfüllen müssen, um einen Antrag auf Investition in ein Finanzdienstleistungsunternehmen oder hierauf bezogene Geschäfte stellen zu können.
2. Auf Wunsch des Antragstellers benachrichtigt die betreffende Aufsichtsbehörde den Antragsteller über den Stand seines Antrags. Sollte die Aufsichtsbehörde weitere Informationen benötigen, verständigt sie den Antragsteller ohne ungebührliche Verzögerung.
3. Die Aufsichtsbehörde trifft eine verwaltungsrechtliche Entscheidung über den vollständigen Antrag eines zu einem Finanzdienstleistungsunternehmen gehörenden Investors oder eines Finanzdienstleistungsunternehmens, bei dem es sich um eine Kapitalanlage eines Investors einer anderen Vertragspartei handelt, binnen [120] [180] Tagen und informiert den Antragsteller unverzüglich über ihre Entscheidung. Ein Antrag gilt so lange als unvollständig, bis [alle maßgeblichen Anhörungen stattgefunden haben und] sämtliche Informationen vollständig vorliegen. Für den Fall, daß eine Entscheidung aus praktischen Gründen binnen [120] [180] Tagen nicht gefällt werden kann, benachrichtigt die Aufsichtsbehörde den Antragsteller ohne ungebührliche Verzögerung und bemüht sich darum, die

Entscheidung innerhalb eines vernünftigen Zeitrahmens zu treffen.

Transparenz

Keine Bestimmung dieses Abkommens zwingt eine Vertragspartei dazu, folgende Informationen vorzulegen oder Zugang dazu zu gewähren:

(a) Informationen über Finanzangelegenheiten und Konten von Einzelkunden bei Finanzdienstleistungsunternehmen; oder

(b) vertrauliche oder eigentumsrechtlich geschützte Informationen, deren Offenlegung den Gesetzesvollzug behindern oder in anderer Weise gegen das öffentliche Interesse verstoßen würde oder rechtmäßige Wirtschaftsinteressen eines bestimmten Unternehmens benachteiligen würde.

Informationstransfer und Datenverarbeitung

1. Keine Vertragspartei ergreift Maßnahmen, die einen Informationstransfer oder die Verarbeitung von Finanzdaten außerhalb des Hoheitsgebietes einer Vertragspartei behindern; dazu gehören auch Datentransfers mit elektronischen Mitteln und solche Fälle, in denen ein Informationstransfer oder die Verarbeitung von Finanzdaten:

   (a) notwendig ist, um die ordnungsgemäße Geschäftstätigkeit eines in einer Vertragspartei ansässigen Finanzdienstleistungsunternehmens fortsetzen zu können, bei der es sich um eine Kapitalanlage eines Investors einer anderen Vertragspartei handelt; oder

   (b) in Zusammenhang mit einem Kauf oder Verkauf durch ein Finanzdienstleistungsunternehmen steht, das in einer Vertragspartei ansässig ist, und bei dem es sich um die Kapitalanlage eines Investors einer anderen Vertragspartei:

(i) im Bereich von Dienstleistungen zur Verarbeitung von Finanzdaten; oder

(ii) im Bereich von Finanzinformationen, einschließlich Informationen an oder von Drittparteien handelt.

(2) Keine der Bestimmungen in Absatz 1:

(a) betrifft die gesetzlichen Pflichten eines Finanzdienstleistungsunternehmens, Aufzeichnungen zu führen und Beitragspflichten zu erfüllen; oder

(b) beeinträchtigt das Recht einer Vertragspartei, die Privatsphäre zu schützen einschließlich personenbezogener Daten und die Vertraulichkeit einzelner Aufzeichnungen und Konten, sofern dieses Recht nicht dazu wahrgenommen wird, um die Bestimmungen des Abkommens zu umgehen.

Mitgliedschaft in selbstregulierenden Gremien und Verbänden

Schreibt eine Vertragspartei Mitgliedschaft oder Beteiligung in oder Zugang zu einem selbstregulierenden Gremium, Effekten- oder Wertpapiergeschäften oder -märkten, einer Verrechnungsstelle oder einer anderen Organisation bzw. einem anderen Verband vor, für Kapitalanlagen eines Investors einer anderen Vertragspartei in ein Finanzdienstleistungsunternehmen, das im Hoheitsgebiet der Vertragspartei gegründet wird, um Finanzdienstleistungen auf derselben Grundlage wie Finanzdienstleistungsunternehmen der Vertragspartei zu erbringen, oder falls die Vertragspartei bei der Erbringung von Finanzdienstleistungen solchen Unternehmen, direkt oder indirekt, Privilegien oder Vorteile einräumt, hat die betreffende Vertragspartei dafür zu sorgen, daß diese Unternehmen solchen Kapitalanlagen Inländerbehandlung gewähren.

Zahlungs- und Verrechnungssysteme/ Lender of Last Resort

1. Unter Auflagen und Bedingungen, die Inländerbehandlung einräumen, gewähren die Vertragsparteien Finanzdienstleistungsunternehmen, bei denen es sich um Kapitalanlagen eines Investors einer anderen Vertragspartei handelt und die im Hoheitsgebiet der Vertragspartei ansässig sind, Zugang zu Zahlungs- und Verrechnungssystemen, die von öffentlicher Hand betrieben werden, sowie zu offiziellen Finanzierungs- und Refinanzierungsmöglichkeiten, die bei normaler Geschäftsabwicklung üblich sind.
2. Mit den Bestimmungen dieses Abkommens wird nicht die Absicht verfolgt, Zugang zu den Ressourcen des »Lender of Last Resort« der betreffenden Vertragspartei zu gewähren.

Beilegung von Meinungsverschiedenheiten

Festlegung bestimmter Finanzthemen in Verfahren zwischen Investor und Staat

Zusammensetzung von Schiedsgerichten bei Meinungsverschiedenheiten in Finanzfragen

»Gremien zur Schlichtung von Streitigkeiten über ›prudential measures‹ und sonstigen Finanzangelegenheiten müssen über die für die jeweils sich in Streit befindliche Angelegenheit erforderliche Sachkenntnis verfügen.«

DEFINITION DER FINANZDIENSTLEISTUNGEN

Zu den Finanzdienstleistungen gehören alle Versicherungs- und versicherungsbezogenen Dienstleistungen, alle Bank- und Finanzdienstleistungen (ausgenommen Versicherungen). Zu Finanzdienstleistungen gehören folgende:

Versicherungs- und versicherungsbezogene Dienstleistungen

(i) Direktversicherung (einschließlich Mitversicherung);
  (A) Lebensversicherung;
  (B) Sachversicherung;

(ii) Rückversicherung und Folgerückversicherung;

(iii) Versicherungsvermittlung, wie z. B. Maklergeschäfte und Vertretungen;

(iv) Zusatzdienstleistungen im Rahmen von Versicherungen, wie z. B. Beratung, versicherungsmathematische Berechnungen, Risikoabschätzung und Schadenregulierungsdienste.

Bank- und andere Finanzdienstleistungen (ausgenommen Versicherungen)

(v) Annahme von Kautionen und anderen rückzahlbaren Beträgen der öffentlichen Hand;

(vi) Darlehen aller Art, einschließlich Haushaltskredite, Hypotheken, Fakturierung und Finanzierung kommerzieller Transaktionen;

(vii) Finanz-Leasing;

(viii) Sämtliche Zahlungs- und Überweisungsdienstleistungen, einschließlich Kredite, Scheck- und Kreditkarten, Travellerschecks und Bankschecks;

(ix) Bürgschaften und Avalgeschäfte;

(x) Eigen- und Kundengeschäfte, ob beim Geldwechsel, im Schaltermarkt oder auf andere Weise; dazu gehören folgende Aspekte:
  (A) Geldmarktinstrumente (einschließlich Schecks, Rechnungen, Kautionszertifikate);

(B) ausländische Devisen;
(C) nachgeordnete Produkte einschließlich, jedoch nicht ausschließlich, Termin- und Optionsgeschäfte;
(D) Wechselkurs- und Zinsrateninstrumente einschließlich Produkte wie z. B. Swapgeschäfte, Zinsterminkontrakte;
(E) übertragbare Wertpapiere;
(F) sonstige verhandelbare Instrumente und Finanzvermögen einschließlich Edelmetalle.

(xi) Beteiligung an Effektengeschäften aller Art einschließlich Risikoübernahmen und Unterbringung als Geschäftsstelle (sowohl öffentlich als auch privat) sowie damit verbundene Dienstleistungen;

(xii) Kreditmaklergeschäfte;

(xiii) Wertpapierverwaltung, wie z. B. Cash oder Portfoliomanagement, sowie Management von Kollektivinvestitionen verschiedenster Art, Rentenfondsverwaltung, Treuhand- und-Depotverwaltungsdienste;

(xiv) Abwicklungs- und Verrechnungsdienste für Vermögenswerte einschließlich Wertpapiere, nachgeordnete Produkte und andere verhandelbare Instrumente;

(xv) Beschaffung und Übermittlung von Finanzdaten, Datenverarbeitung und damit verbundene Software von Anbietern anderer Finanzdienstleistungen;

(xvi) Beratungs-, Vermittlungs- sowie sonstige mit den unter Unterabsatz (v) bis (xv) aufgeführten verbundene Finanzdienstleistungen einschließlich Kreditauskunft und Analyse, Investitions- und Portfoliorecherche und -beratung, Ankaufberatung sowie Unternehmensstrukturierung und -strategie.

VIII. Besteuerung

1. Die Bestimmungen dieses Abkommens gelten nicht für steuerliche Maßnahmen mit Ausnahme der in Absatz 2 bis 5 unten explizit aufgeführten Bestimmungen.
2. Artikel … (Enteignung) gilt für steuerliche Maßnahmen.
3. Artikel … (Transparenz) gilt für steuerliche Maßnahmen, abgesehen davon, daß die Bestimmungen dieses Abkommens keine Vertragspartei dazu zwingen dürfen, Informationen, die unter das Steuergeheimnis oder andere Bestimmungen bzw. ordnungsrechtliche Verfahren zum Schutz der Vertraulichkeit im Rahmen innerstaatlicher Rechte und internationaler Vereinbarungen fallen, offenzulegen oder Zugang dazu zu gewähren; dazu gehören auch folgende Informationen:
   (a) Informationen, die in zwischen Staaten und Investoren abgeschlossenen Abkommen oder Vereinbarungen enthalten sind oder gemäß dieser Abkommen bzw. Vereinbarungen ausgetauscht werden;
   (b) gemäß einer Vereinbarung mit einer ausländischen Regierung bezüglich der Anwendung oder Auslegung von internationalen Übereinkommen zur Besteuerung eines Investors, einschließlich des zwischenstaatlichen Informationsaustauschs;
   (c) bezüglich der Indentität eines Investors oder anderer Informationen, durch die das Handels-, Geschäfts-, Betriebs-, Gewerbe- oder Berufsgeheimnis oder der Handelsprozeß beeinträchtigt werden;
   (d) betreffend die Aushandlung von Steuerabkommen oder anderen internationalen Übereinkünften, die das Thema Besteuerung oder die Beteiligung einer Regierung an der Arbeit internationaler Organisationen ganz oder teilweise betreffen; oder
   (e) deren Veröffentlichung sich auf die Bewertung oder Erhe-

bung, den Vollzug oder die Verfolgung in bezug auf oder die Entscheidung über Berufungsanträge zur Besteuerung auswirken oder sonstige Informationen, deren Veröffentlichung zur Steuerhinterziehung und -flucht beiträgt oder diese erleichtert.

4. Die in Artikel [C] (Beilegung von Meinungsverschiedenheiten auf zwischenstaatlicher Ebene) und Artikel [D] (Beilegung von Meinungsverschiedenheiten zwischen Staat und Investor [mit Ausnahme von Absatz 1b von Artikel [D]) enthaltenen Bestimmungen, und nur sie, gelten für einen Streitfall gemäß Absatz 2 und 3 dieses Artikels.
5. Für die Zwecke dieses Artikels:
   (a) bezeichnet die zuständige Steuerbehörde den für Steuerfragen zuständigen Minister oder das zuständige Ministerium bzw. dessen rechtmäßig befugte Vertreter.
   (b) bezeichnet der Begriff »steuerliche Maßnahme«
      (i) sämtliche mit der Besteuerung im Zusammenhang stehenden Vorschriften des Rechtswesens einer Vertragspartei oder einer politischen Untereinheit oder einer Gebietskörperschaft oder verwaltungsrechtliche Verfahren der Vertragspartei, die mit Steuern im Zusammenhang stehen, und
      (ii) sämtliche mit der Besteuerung im Zusammenhang stehenden Vorschriften eines Abkommens zur Vermeidung einer Doppelbesteuerung oder sonstiger internationaler Übereinkünfte oder Vereinbarungen, die für die Vertragspartei rechtsverbindlich sind.

Zu den Steuern zählen im Sinne dieses Artikels direkte oder indirekte Steuern sowie Sozialversicherungsbeiträge.

IX. Spezifische Ausnahmen durch Einzelstaaten

Einlegung einzelstaatlicher Ausnahmen

A. Artikel X (Inländerbehandlung), Y (Meistbegünstigung), [Artikel Z, ..., ... und Artikel ...] gelten nicht für
   (a) sämtliche laufenden nichtvertragsgemäßen Maßnahmen, die von einer Vertragspartei in ihrer Liste für Anhang A des Abkommens dargestellt sind, in dem Maße, wie sie in ihrem Rechtssystem beibehalten, fortgesetzt oder zügig erneuert werden.
   (b) Änderungen der in Unterabsatz (a) genannten nichtvertragsgemäßen Maßnahmen in dem Maße, wie sie die vor der Änderung bestehende Vertragswidrigkeit der Maßnahme zu Artikel X (Inländerbehandlung), Artikel Y (Meistbegünstigung), [Artikel Z, ... und Artikel ...] nicht verstärken.

[B. Artikel X, Y [Artikel Z, ... und Artikel ...] gelten nicht für Maßnahmen, die eine Vertragspartei entsprechend ihrer in Anhang B dieses Abkommens enthaltenen Liste für Sektoren, Subsektoren oder Tätigkeiten [anwendet] oder [beibehält].]

[C. Keine Vertragspartei hat das Recht, im Rahmen der nach Inkrafttreten dieses Abkommens durchgeführten und entsprechend ihrer in Anhang B enthaltenen Maßnahmen einen Investor einer anderen Vertragspartei aus Gründen der Staatsangehörigkeit oder anderen Gründen dazu zu zwingen, eine Investition, die bei Inkrafttreten der Maßnahmen bereits bestand, zu verkaufen oder auf andere Weise rückgängig zu machen.]

Einführung zu Anhang A des Abkommens, in dem länderspezifische Ausnahmen aufgeführt sind

1. In der Länderliste einer Vertragspartei sind gemäß Artikel ... [über die Einlegung von länderspezifischen Ausnahmen] die von dieser Partei geltend gemachten Ausnahmen festgelegt, die im Hinblick auf bestehende Maßnahmen, die mit den durch die folgenden Artikel entstehenden Verpflichtungen nicht im Einklang stehen, gelten:
   (a) Artikel X (Inländerbehandlung),
   (b) Artikel Y (Meistbegünstigung),
   (c) Artikel Z (...), oder
   (...) Artikel (...),
   in Verbindung mit sonstigen Verpflichtungen zur Beseitigung oder Verringerung der Nichteinhaltung einer Maßnahme.
2. Jede Ausnahme legt folgende Elemente fest:
   (a) Sektor bezeichnet allgemein den Sektor, für den die Ausnahme gilt;
   (b) Subsektor bezeichnet konkret den Sektor, für den die Ausnahme gilt;
   (c) Verpflichtung präzisiert die in Absatz 1 genannte Bestimmung des MAI, für die die Ausnahme gilt;
   (d) Regierungsebene bezeichnet die Ebene der Regierung, welche die Maßnahme anwendet;
   (e) Rechtsquelle oder Ermächtigungsgrundlage bezeichnet konkret den rechtlichen Ursprung der Maßnahme; dabei kann es sich um ein Gesetz, eine Vorschrift, Regelung, Entscheidung oder sonstige Rechtsform handeln;
   (f) detaillierte Beschreibung der Maßnahme bezeichnet die nichtvertragsgemäßen Aspekte bestehender Maßnahmen, für die eine Ausnahme gilt, ebenso wie jegliche Verpflichtung zur Beseitigung oder Verringerung der nichtvertragsgemäßen Aspekte einer Maßnahme; und
   (g) Grund oder Zweck bezeichnet die Gründe für eine bestehende Maßnahme.

3. Bei der Auslegung einer Ausnahme werden [sämtliche o. a. Punkte] [die Punkte (a) bis (f)] berücksichtigt. Für den Fall, daß eine Diskrepanz besteht zwischen der Vertragswidrigkeit einer Maßnahme, wie sie in der entsprechenden Rechtsquelle oder sonstigen Ermächtigungsgrundlage vorgesehen ist und der Beschreibung der Maßnahme in sämtlichen anderen Elementen, findet die Ausnahme zur Vertragswidrigkeit insoweit Anwendung, als die Maßnahme in der Rechtsquelle oder sonstigen Ermächtigungsgrundlage genannt ist. Falls jedoch die Vertragswidrigkeit der Maßnahme, so wie sie in der Rechtsquelle oder sonstigen Ermächtigungsgrundlage dargestellt ist, das Ausmaß der Vertragswidrigkeit gemäß den anderen Elementen so erheblich und substantiell überschreitet, daß die Schlußfolgerung, die Rechtsquelle oder sonstige Ermächtigungsgrundlage solle ausschlaggebend sein, unvernünftig wäre, sollen die übrigen Elemente insoweit überwiegen.

X. Verhältnis zu anderen internationalen Übereinkommen

Verpflichtung im Rahmen der Artikel des Abkommens des Internationalen Währungsfonds

Die Bestimmungen dieses Abkommens wirken sich nicht auf die Verpflichtungen, die eine Vertragspartei als Signatar der Vertragsbestimmungen des Internationalen Währungsfonds eingegangen ist, aus.

Die OECD-Leitsätze für Multinationale Unternehmen

1. Folgender Textentwurf wurde bei der Diskussion über die Verbindung zwischen den Leitsätzen und dem MAI formuliert:
   (a) Die OECD-Leitsätze für Multinationale Unternehmen sind in Anhang (x) aufgeführt.
   (b) Auf Einladung der Organisation für wirtschaftliche Zusammenarbeit und Entwicklung sind die Vertragsparteien dazu aufgefordert, sich an der Ausarbeitung der Leitsätze der Organisation zu beteiligen, um die Zusammenarbeit zur Umsetzung, Klärung, Auslegung und Überarbeitung der Leitsätze zu fördern und die Konsensbildung zwischen den Vertragsparteien und den Mitgliedstaaten der Organisation bei den in den Leitsätzen behandelten Fragen zu erleichtern.
   (c) Die Vertragsparteien [benennen] [sind dazu aufgefordert] nationale Ansprechpartner für die Öffentlichkeitsarbeit, zur Bearbeitung von Anfragen und für Diskussionen mit den betreffenden Parteien zu sämtlichen Fragen in Zusammenhang mit den Leitsätzen [zu benennen], so daß sie hier

zur Lösung von Problemen, die in diesem Zusammenhang aufkommen können, beitragen.

(d) Die Beifügung der Leitsätze wirkt sich weder auf die Auslegung oder Anwendung des Abkommens, wozu auch die Auslegung oder Anwendung zum Zwecke der Streitschlichtung gehört, noch auf die Rechtsverbindlichkeit aus.

2. Einige Delegationen haben den Vorschlag gemacht, folgenden Text zur Benennung der Befugnisse, die der Parteiengruppe gemäß Abschnitt XI des konsolidierten Textes, Absatz 2 eingeräumt werden, hinzuzufügen:

   (a) eine Überarbeitung der in Artikel (x) des [Abkommens] [der Schlußakte] genannten Leitsätze zu erwägen durch Annahme von in der OECD entwickelten überarbeiteten Leitsätze.

3. Abschließend haben die Delegationen folgenden Textentwurf, der in einem Anhang unmittelbar vor die Leitsätze eingefügt wird, formuliert:

Die folgenden Leitsätze für Multinationale Unternehmen stellen eine gemeinsame Empfehlung der beteiligten Regierungen für die in ihrem Hoheitsgebiet ansässigen multinationalen Unternehmen dar. Der Sinn und Zweck dieser Leitsätze besteht darin, multinationale Unternehmen dabei zu unterstützen, dafür zu sorgen, daß ihre Geschäfte im Einklang mit der nationalen Politik der Staaten, in denen sie tätig sind, stehen. Die Leitsätze enthalten Empfehlungen zur Politik im allgemeinen, zur Weitergabe von Informationen, zu Wettbewerb, Finanzierung, Besteuerung, Beschäftigung und Arbeitsbeziehungen, zum Umweltschutz sowie zu Wissenschaft und Technik. Die Leitsätze gehören zur Erklärung der OECD über Internationale Kapitalanlagen und Multinationale Unternehmen vom 21. Juni 1976 in ihrer überarbeiteten Fassung. Hintergrundinformationen und offizielle Erläuterungen sind in der Broschüre »Die OECD-Leitsätze für Multinationale Unternehmen« zu finden.

[Der Text der Präambel zur Erklärung über Internationale Kapitalanlagen und Multinationale Unternehmen, Teil 1 der Erklärung, sowie der vollständige Text von Anhang 1 der Leitsätze würde wortwörtlich wiedergegeben.]

XI. Umsetzung und Anwendungsbereich

Die Vorbereitungsgruppe

(Der Text wird in die Schlußakte aufgenommen)

1. Die Signatarstaaten der Schlußakte und des Abkommens treffen sich in der Vorbereitungsgruppe. Ein Signatarstaat ist nicht mehr berechtigt, an den Sitzungen teilzunehmen, wenn er es versäumt, das Abkommen bis zu der für die Unterzeichnung des Abkommens festgelegten Frist zu unterzeichnen.
2. In der Vorbereitungsgruppe werden die teilnehmenden Signatarstaaten
   (a) das Inkrafttreten des Abkommens sowie die Einrichtung der Parteiengruppe vorbereiten;
   (b) Diskussionen mit Staaten, die keine Signatarstaaten der Schlußakte sind, führen;
   (c) Verhandlungen mit Interessenten, die keine Signatarstaaten der Schlußakte sind, im Hinblick auf die Unterzeichnung des Abkommens führen;
   (d) …
3. Die teilnehmenden Signatarstaaten wählen einen Vorsitzenden, der den Vorsitz als Privatperson führt. Besprechungen finden in von den teilnehmenden Signatarstaaten festzulegenden Abständen nach der von ihnen festgelegten Geschäftsordnung und -verfahren statt.
4. Sofern keine anderslautenden Vereinbarungen getroffen werden, trifft die Vorbereitungsgruppe ihre Entscheidungen auf Konsensbasis. Ein Signatarstaat hat das Recht, sich der Stimme zu enthalten und seine Meinung zu äußern, ohne den Konsens zu behindern.
5. Entscheidungen gemäß Absatz 4 können auch Entscheidungen darüber, ein anderes Abstimmungsverfahren für eine be-

stimmte Frage bzw. einen Fragenkomplex anzuwenden, umfassen.

6. In den Fällen, in denen eine Entscheidung nicht durch Konsens herbeigeführt werden kann, wird eine Mehrheitsentscheidung durch [Drei-Viertel-] [Zwei-Drittel-Mehrheit] getroffen.
7. Absatz 6 gilt nicht für folgende Entscheidungen:
   (a) Entscheidungen gemäß Absatz 5; [und]
   (b) Entscheidungen gemäß Artikel ... [siehe Abschnitt XI des konsolidierten Textes über Entscheidungen der Vorbereitungsgrupe darüber, ob Interessenten, die keine Signatarstaaten der Schlußakte sind, zur Unterzeichnung des Abkommens berechtigt sind], die [auf Konsensbasis][durch eine ... Mehrheit] getroffen werden; [und]
   (c) ...
8. Für den Fall, daß die Europäische Gemeinschaft ihr Abstimmungsrecht wahrnimmt, hat sie genauso viele Stimmen wie Mitgliedstaaten, die gleichzeitig Vertragsparteien dieses Abkommens sind. Die Anzahl der Stimmen der Europäischen Gemeinschaft und ihrer Mitgliedstaaten darf in keinem Fall höher sein als die Zahl der Mitgliedstaaten der Europäischen Gemeinschaft, die Vertragsparteien dieses Abkommens sind.

Parteiengruppe

1. Es wird eine Gruppe eingerichtet, die sich aus den Vertragsparteien zusammensetzt.
2. Die Gruppe soll die Anwendung des Abkommens erleichtern. Zu diesem Zweck:
   (a) nimmt sie die ihr gemäß diesem Abkommen übertragenen Funktionen wahr;
   (b) [klärt sie auf Antrag einer Vertragspartei [auf Konsensbasis] die Auslegung und Anwendung dieses Abkommens];
   (c) erörtert sie sämtliche Fragen, die sich auf die Anwendung dieses Abkommens auswirken; und

(d) ergreift sie sonstige Maßnahmen, die sie für notwendig hält, um ihr Mandat zu erfüllen.

3. Bei der Ausübung ihrer in Absatz 2 aufgeführten Funktionen holt die Gruppe den Rat von Regierungs- und Nichtregierungsorganisationen sowie Einzelpersonen ein.
4. Die Gruppe wählt einen Vorsitzenden, der den Vorsitz als Privatperson führt. Besprechungen finden in von der Gruppe festzulegenden Abständen statt. Die Parteiengruppe legt ihre Geschäftsordnung und -verfahren fest.
5. Sofern keine anderslautenden Vereinbarungen getroffen werden, trifft die Gruppe ihre Entscheidungen auf Konsensbasis. Eine Vertragspartei hat das Recht, sich der Stimme zu enthalten und ihre Meinung zu äußern, ohne den Konsens zu behindern.
6. Entscheidungen gemäß Absatz 5 können auch Entscheidungen darüber, ein anderes Abstimmungsverfahren für eine bestimmte Frage bzw. einen Fragenkomplex anzuwenden, umfassen.
7. In den Fällen, in denen eine Entscheidung nicht durch Konsens herbeigeführt werden kann, wird eine Mehrheitsentscheidung durch [Drei-Viertel-] [Zwei-Drittel-Mehrheit] getroffen.
8. Absatz 7 gilt nicht für folgende Entscheidungen:
   (a) Entscheidungen gemäß Absatz 6;
   (b) Entscheidungen gemäß Artikel ... [siehe Abschnitt XII des konsolidierten Textes über Änderungen], die durch Konsens herbeigeführt werden;
   (c) Entscheidungen gemäß Artikel ... [siehe Abschnitt XII des konsolidierten Textes über den Beitritt], [die durch Konsens herbeigeführt werden] [die, sofern kein Konsens erzielt werden kann, durch eine [Drei-Viertel-] [Zwei-Drittel-] Mehrheit getroffen werden] [die durch eine [Drei-Viertel-] [Zwei-Drittel-]Mehrheit getroffen werden]; und
   (d) Entscheidungen zu Haushaltsfragen, die durch [Konsens] [eine [Drei-Viertel-] [Zwei-Drittel-]Mehrheit] [der Vertragsstaaten, deren geschätzte Beiträge mindestens zwei Drittel der geschätzten Gesamtbeiträge ausmachen], herbeigeführt werden.

9. Die Parteiengruppe wird von einem Sekretariat unterstützt.
10. [Die Kosten der Gruppe und des Sekretariats werden entsprechend der von der Gruppe veranlagten und genehmigten Ausgaben von den Vertragsparteien getragen.]
11. Für den Fall, daß die Europäische Gemeinschaft ihr Abstimmungsrecht wahrnimmt, hat sie genauso viele Stimmen, wie Mitgliedstaaten, die gleichzeitig Vertragsparteien dieses Abkommens sind. Die Anzahl der Stimmen der Europäischen Gemeinschaft und ihrer Mitgliedstaaten darf in keinem Fall höher als die Zahl der Mitgliedstaaten der Europäischen Gemeinschaft, die Vertragsparteien dieses Abkommens sind, sein.

XII. Schlußbestimmungen

Unterschrift

Das Abkommen liegt bis zum [Datum] beim Verwahrer zur Unterschrift durch die Signatarstaaten der Schlußakte auf, und danach bis zum Inkrafttreten durch einen Staat oder ein unabhängiges Zollgebiet, welches über volle Autonomie bei den durch dieses Abkommen geregelten Angelegenheiten verfügt und welches dazu bereit und in der Lage ist, die Verpflichtung zu den Bedingungen, die es mit den Signatarstaaten dieses Abkommens, für die die Vorbereitungsgruppe stellvertretend handelt, vereinbart, zu erfüllen.

Annahme und Inkrafttreten

In der Schlußakte

1. Die Signatarstaaten dieser Schlußakte legen das Abkommen den jeweils zuständigen Behörden zur Erörterung vor, um sich von ihnen bestätigen zu lassen, daß das Abkommen ihren Verfahren entspricht.
2. Die Signatarstaaten dieser Schlußakte sind sich darüber einig, daß das Abkommen durch alle Signatarstaaten verabschiedet werden sollte, damit es am [Datum] oder baldmöglichst nach dessen Verabschiedung in Kraft treten kann.

Im MAI

3. Spätestens am [Datum] werden sich die Signatarstaaten treffen, um das Datum des Inkrafttretens dieses Abkommens und damit verbundene Fragen zu erörtern. Entscheidungen werden durch [Konsens] [eine [Zwei-Drittel-]Mehrheit der Signatarstaaten] herbeigeführt.
4. Dieses Abkommen tritt zu dem von den Signatarstaaten dieses

Abkommens gemäß Absatz 3 vereinbarten Datum für die Signatarstaaten in Kraft, die dieses Abkommen bis zu diesem Datum angenommen haben. Geschieht die Annahme nach Inkrafttreten dieses Abkommens, tritt es 30 Tage nach Hinterlegung der Annahmeurkunde durch die betreffende Vertragspartei für diese in Kraft.

Beitritt

1. Dieses Abkommen liegt für Staaten, Organisationen zur regionalen Wirtschaftsintegration und unabhängige Zollgebiete, welche über volle Autonomie bei den durch dieses Abkommen geregelten Angelegenheiten verfügen und welche dazu bereit und in der Lage sind, die Verpflichtungen zu den Bedingungen zu erfüllen, die sie mit den Signatarstaaten dieses Abkommens, für die die Vorbereitungsgruppe stellvertretend handelt, vereinbaren, zum Beitritt auf.
2. Beitrittsentscheidungen werden von der Parteiengruppe getroffen.
3. Der Beitritt wird am 30. Tag nach Hinterlegung der Beitrittsurkunde beim Verwahrer rechtskräftig.

Nichtanwendbarkeit

Dieses Abkommen findet keine Anwendung zwischen einer Vertragspartei und einem Beitrittsland, wenn die Vertragspartei der Anwendung zum Zeitpunkt des Beitritts nicht zustimmt.

Überarbeitung

Die Parteiengruppe hat das Recht, dieses Abkommen bei Bedarf und zu jeder Zeit zu überarbeiten.

Änderungen

Jede Vertragspartei hat das Recht, der Gruppe einen Änderungsvorschlag zu diesem Abkommen vorzulegen. Jeder von der Arbeitsgruppe verabschiedete Änderungsantrag tritt nach Hinterlegung einer Ratifizierungsurkunde durch alle Vertragsstaaten in Kraft oder zu einem späteren Zeitpunkt, den die Gruppe bei Verabschiedung des Änderungsantrages festlegt.

Überarbeitung der OECD-Leitsätze für Multinationale Unternehmen

Zu Änderungen der Leitsätze im Annex kann jede Vertragspartei bei Unterzeichnung eine einseitige Erklärung abgeben:
Im Falle einer Änderung der Leitsätze, Annex --, werden entsprechend geändert in bezug auf (Name der Vertragspartei), vorausgesetzt, daß sie innerhalb von 180 Tagen seit der Notifizierung der Annahme der Änderung gegenüber dem Verwahrer keine gegenteilige Erklärung abgegeben hat.

oder

Im Falle einer Änderung der Leitsätze, Annex --, werden entsprechend geändert in bezug auf (Name der Vertragspartei), vorausgesetzt, sie hat eine dementsprechende Erklärung gegenüber dem Verwahrer gegeben.

Rücktritt

1. Ab fünf Jahren nach Inkrafttreten des Übereinkommens für eine Vertragspartei hat die betreffende Vertragspartei das Recht, den Verwahrer schriftlich über ihren Rücktritt vom Abkommen zu benachrichtigen.
2. Der Rücktritt wird sechs Monate nach Eingang der schriftlichen Mitteilung an den Verwahrer oder zu einem späteren, in der

Rücktrittserklärung festgelegten Zeitpunkt wirksam. Tritt eine Vertragspartei zurück, bleibt das Abkommen für die übrigen Vertragsparteien weiterhin wirksam.

3. Die Bestimmungen dieses Abkommens gelten weiterhin für einen Zeitraum von fünfzehn Jahren nach Erhalt der Rücktrittserklärung für Kapitalanlagen, die zu diesem Zeitpunkt bestehen.

Verwahrer

Der/die [.........] wird Verwahrer dieses Abkommens.

Status der Anhänge

Die Anhänge zu diesem Abkommen sind [integraler Bestandteil dieses Abkommens].

Verbindlicher Wortlaut

Der englische und französische [und ......] Wortlaut dieses Abkommens sind gleichermaßen verbindlich.

Vorenthaltung von Vergünstigungen

(a) [Vorbehaltlich einer vorherigen Benachrichtigung und Beratung mit der Vertragspartei des Investors] hat eine Vertragspartei das Recht, einen Investor [im Sinn der in 1 (ii) aufgeführten Begriffsbestimmung] und dessen Kapitalanlagen die durch dieses Abkommen entstehenden Vergünstigungen vorzuenthalten, wenn Investoren eines Staates, der kein Vertragsstaat dieses Abkommens ist, Eigentümer des erstgenannten

Investors sind oder ihn kontrollieren und jener Investor keine nennenswerten Geschäftsvorgänge im Hoheitsgebiet der Vertragspartei, deren Gesetzgebung für dessen Gründung oder Organisation maßgeblich ist, aufweist.

oder

(b) [Vorbehaltlich einer vorherigen Benachrichtigung gemäß Artikel X (Transparenz) und X (Konsultationen) hat eine Vertragspartei das Recht, einem Investor einer anderen Vertragspartei, bei dem es sich um ein Unternehmen der Vertragspartei handelt, sowie Kapitalanlagen eines solchen Investors die aus diesem Abkommen entstehenden Vergünstigungen vorzuenthalten, wenn der Investor eines Staates, der keine Vertragspartei dieses Abkommens ist, Eigentümer des Unternehmens ist oder dieses kontrolliert und das Unternehmen keine nennenswerten Geschäftsvorgänge im Hoheitsgebiet der Vertragspartei, deren Gesetzgebung für dessen Gründung oder Organisation maßgeblich ist, aufweist.]

ANHANG 1

Länderspezifische Vorschläge für Textentwürfe

Klausel für Organisationen zur regionalen Wirtschaftsintegration (REIO-Klausel)

(BEITRAG EINER DELEGATION)

Diese Delegation hat die wesentlichen Gründe für die Aufnahme einer Klausel für Organisationen zur regionalen Wirtschaftsintegration in das Multilaterale Abkommen zum Schutz von Kapitalanlagen im April bei der Sitzung der Verhandlungsgruppe dargestellt.

Aufbauend auf diesen Beitrag möchte die Delegation hiermit ihren Vorschlag für eine solche REIO-Klausel vorlegen.

Artikel X
über
Organisationen zur regionalen Wirtschaftsintegration (REIOs)

1. Im Sinne dieses Abkommens bezeichnet eine REIO eine Organisation souveräner Staaten, die sich dazu verpflichtet haben, untereinander grundsätzlich sämtliche Hindernisse für Kapitalanlagen abzubauen, und der diese Staaten die Zuständigkeit für eine Reihe von Angelegenheiten, die zum Anwendungsbereich dieses Abkommens gehören, übertragen haben; dazu gehört auch die Ermächtigung, Gesetze zu verabschieden und Ent-

scheidungen zu treffen, die für sie im Hinblick auf diese Angelegenheiten verbindlich sind.

2. Artikel … (Meistbegünstigungsklausel) hindert eine Vertragspartei, die Mitgliedsstaat einer REIO ist, nicht, Investoren aus anderen Mitgliedsstaaten der Organisation und deren Kapitalanlagen bevorzugte Bedingungen einzuräumen, die sich aus den im Rahmen des Abkommens angewandten Maßnahmen ergeben, im Vergleich zu den Bedingungen, die sie Investoren anderer Vertragsparteien und deren Kapitalanlagen einräumt.
3. Nichts in diesem Abkommen kann eine REIO und deren Mitgliedsstaaten daran hindern, gemäß den Zielen dieses Abkommens neue harmonisierte Maßnahmen anzuwenden, die im Rahmen dieser Organisation verabschiedet werden und welche die von den Staaten bisher angewandten Maßnahmen ersetzen.
4. Eine Vertragspartei, die einer REIO beitritt, darf nicht daran gehindert werden, anstelle ihrer bisherigen innerstaatlichen Gesetzgebung die entsprechenden Gesetze der betreffenden Organisationen anzuwenden, sobald sie der Organisation beigetreten ist. Wenn eine Vertragspartei mit einer REIO und ihren Mitgliedsstaaten eine Vereinbarung zur Vorbereitung ihres Beitritts abgeschlossen hat, darf dieses Abkommen sie nicht daran hindern, ihre innerstaatliche Gesetzgebung den im Rahmen dieser Organisation geltenden Gesetzen anzugleichen, noch dürfen die Mitgliedsstaaten der REIO daran gehindert werden, ihre in Absatz 2 aufgeführte bevorzugte Behandlung auf Investoren dieser Vertragspartei und deren Kapitalanlagen zu erweitern.

Klausel für Organisationen zur regionalen Wirtschaftsintegration (REIO-Klausel)

(Beitrag von drei Delegationen)

Drei Delegationen, die im Prinzip den in diesem Anhang enthaltenen Textentwurf für eine REIO-Klausel unterstützen, reichen hiermit ihren Vorschlag zur Änderung des letzten Satzes von Absatz 4 der o. a. REIO-Klausel ein, der wie folgt lautet:

»Eine Vertragspartei, die einer REIO beitritt, darf nicht daran gehindert werden, ihre bisherige innerstaatliche Gesetzgebung ab dem Tag ihres Beitritts durch die entsprechenden Gesetze der besagten Organisation zu ersetzen.

Wenn eine Vertragspartei mit einer REIO und ihren Mitgliedsstaaten eine Vereinbarung zur Vorbereitung ihres Beitritts getroffen hat, darf dieses Abkommen sie nicht daran hindern, ihre innerstaatlichen Gesetze den im Rahmen einer solchen Organisation üblichen Maßnahmen anzupassen. *Dieses Abkommen darf weder die betreffende Vertragspartei noch die Mitglieder einer REIO daran hindern, ihren Investoren und deren Kapitalanlagen untereinander die aus einer solchen Angleichung entstehenden Vergünstigungen einzuräumen im Vergleich zu den Bedingungen, die sie Investoren anderer Vertragsparteien und deren Kapitalanlagen einräumen.*«

Entwurf eines Artikels über gegensätzliche Anforderungen

(Änderung eines Vorschlags, der von einer Delegation eingebracht wurde)

(Beitrag einer Delegation)

Absatz 1

Eine Vertragspartei darf außerhalb ihres Hoheitsgebietes weder direkt noch indirekt einem Investor einer anderen Vertragspartei verbieten oder ihn daran hindern, gemäß den Gesetzen, Vorschriften oder der ausdrücklichen Politik der letzteren Vertragspartei zu handeln, es sei denn, diese Gesetze, Vorschriften oder ausdrückliche Politik verstoßen gegen das Völkerrecht (gegensätzliche Anforderungen).

Mit »ausdrücklicher Politik« wird eine Situation bezeichnet, in der das Verhalten eines Investors nicht explizit geregelt ist, jedoch auf der Basis allgemeiner Rechtsgrundsätze oder der Grundsatzpolitik des betreffenden Staates zulässig ist.

Gründe für die Umformulierung von Absatz 1

1. Es erscheint notwendig zu sein, nicht nur die Bereiche, in denen eine Vertragspartei vom Investor verlangt, ein gewisses Verhalten zu zeigen, abzudecken, sondern auch die Fälle, in denen die Vertragspartei Investoren Sanktionen auferlegt, wenn sie sich entsprechend verhalten (z. B. Verlust von Rechten oder Vorzügen, die unter anderen Umständen gewährt werden).
2. Die vorgeschlagene Formulierung »in Konflikt handeln« scheint ungebührlich eng, da damit impliziert wird, daß es einen offenen Konflikt zwischen zwei Rechtsordnungen gibt, wobei die eine Rechtsordnung X und die andere Y für die gleiche Situation vorschreibt. Diese Fälle gibt es durchaus, jedoch sind sie

äußerst selten (z. B. ist es dem Investor laut saudiarabischem Recht verboten, nach Israel zu exportieren/ein US-Gesetz verbietet amerikanischen Investoren im Ausland, sich einem Boykott gegen Israel anzuschließen). Im Normalfall läßt die Rechtsordnung einer Vertragspartei jedoch gewisse Aktivitäten zu (z. B. ist in Norwegen der Walfang gestattet), während die Rechtsordnung einer anderen Vertragspartei den Investoren solche Aktivitäten untersagt, auch im Ausland (z. B. wäre es laut britischem Recht Investoren im In- und Ausland untersagt, in den Walfang zu investieren).

In diesem Fall handelt es sich gemäß dem Vorschlag der Delegation jedoch nicht um einen Konflikt, da sich der Investor an das britische Recht halten kann, ohne dabei mit dem norwegischen Gesetz in Konflikt zu geraten.

Deshalb muß eine Entscheidung zugunsten eines dieser beiden Konzepte fallen. Der Ansatz eines »offenen Konflikts« dient laut Ansicht der EG keinem Zweck.

Darüber hinaus ist ein »Konflikt« im Sinne gegensätzlicher Anforderungen bei einem Gesetz einerseits und einer »Politik« andererseits nicht möglich, da eine rein politische Maßnahme nicht rechtsverbindlich ist. Würde die Entscheidung zugunsten des engeren Ansatzes (offener Konflikt) fallen, müßte der Bezug zu solch einer politischen Maßnahme gestrichen werden.

3. Es scheint sinnvoll, die Forderung zu stellen, daß die Maßnahmen der betreffenden Vertragspartei nicht gegen das Völkerrecht verstoßen dürfen, denn sonst verdienen sie keinen Schutz (wenn z. B. ein Land den Kontinentalsockel eines anderen Landes ausbeutet; Maßnahmen gegen Investoren, die dazu beitragen, können sanktioniert werden).
4. Da der Begriff »gegensätzliche Anforderungen« im Text mehrmals vorkommt, wäre es wünschenswert, ihn in Form einer Begriffsbestimmung zu definieren.
5. Der Begriff »ausdrückliche Politik« ist neu, und es erscheint sinnvoll, ihn der rechtlichen Klarheit wegen zu definieren.

Absatz 2
Der Parteiengruppe werden gegensätzliche Anforderungen gemeldet durch:

(a) eine Vertragspartei, die der Ansicht ist, daß [...] eine andere Vertragspartei einem Investor oder Kapitalanlagen von Investoren wegen seines Verhaltens in ihrem Hoheitsgebiet gegensätzliche Anforderungen aufzwingt, durchsetzt oder dies beabsichtigt;
(b) eine Vertragspartei, die erwägt, Investoren oder Kapitalanlagen wegen seines Verhaltens im Hoheitsgebiet einer anderen Vertragspartei gegensätzliche Anforderungen aufzuzwingen oder durchzusetzen bzw. dies bereits getan hat.

Kommentar
Einfache Angleichung des Textes.

Absatz 3
Eine Vertragspartei hat das Recht, die Parteiengruppe davon zu unterrichten, daß sie eine von einer anderen Vertragspartei gemäß Absatz 2 gemeldete gegensätzliche Anforderung nicht zu beanstanden hat. In diesen Fällen gilt Absatz 1 [...] nicht für Anforderungen im Verhältnis der betreffenden Vertragsparteien untereinander.

Kommentar
Einige Änderungen sind erforderlich, um die Formulierung einem geänderten Absatz 1 anzugleichen.

Darüber hinaus sollte geklärt werden, daß der Verzicht auf eine Beanstandung einer Maßnahme durch eine Vertragspartei keine rechtlichen Auswirkungen auf andere Vertragsparteien hat.

Absatz 4 (unverändert)

Absatz 5
(unverändert bis zum dritten Anstrich; der dritte Anstrich enthält ein vollständiges Konzept und sollte deshalb für sich als neuer Absatz 6 stehen).

Absatz 6
Wenn die gegensätzlichen Anforderungen gemäß dem Völkerrecht eingeführt worden sind, um die Auswirkungen der außerhalb einer Vertragspartei durchgeführten Maßnahmen für diese Vertragspartei möglichst gering zu halten, wird dieser Verzicht gewährleistet, es sei denn, die Vertragspartei, in deren Hoheitsgebiet das Verhalten gezeigt worden ist, hat vernünftige Maßnahmen ergriffen, um eine Wiederholung dieses Verhaltens zu vermeiden.

Kommentar
In Absatz 6 wird ein nützliches Konzept einer legitimen »Selbstverteidigung« eingeführt, das z. B. für den Fall gilt, daß eine Vertragspartei Drogenherstellung oder weitreichende und schwerwiegende Umweltverschmutzung zulassen würde; es kann jedoch Fälle geben, in denen eine Entscheidung weniger leicht fällt (z. B. Werbung, die von einem Staat zu einem anderen gelangt und Methoden einsetzt, die im letzteren nicht zulässig sind; Kapitalanlagen in Grenzgeschäfte, die Artikel verkaufen, die in einer Vertragspartei nicht zulässig sind usw.).

Entwurf eines Artikels über gegensätzliche Anforderungen

1. Eine Vertragspartei hat kein Recht dazu, Maßnahmen durchzusetzen oder aufzuzwingen, die einen Investor oder die Kapitalanlage eines Investors dazu zwingen, gegen Gesetze, Vorschrif-

ten oder ausdrückliche Politik einer anderen Vertragspartei, in deren Staatsgebiet solche Handlungen vollzogen werden, zu handeln.

2. Der MAI-Parteiengruppe werden gegensätzliche Anforderungen gemeldet durch:
   (a) eine Vertragspartei, die der Ansicht ist, daß die von einer anderen Vertragspartei Maßnahmen oder vorgeschlagenen Maßnahmen einem Investor oder Kapitalanlagen von Investoren wegen seines Verhaltens in ihrem Staatsgebiet gegensätzliche Anforderungen aufzwingen oder durchsetzen;
   (b) eine Vertragspartei, die erwägt, Investoren oder Kapitalanlagen wegen ihres Verhaltens im Staatsgebiet einer anderen Vertragspartei gegensätzliche Anforderungen aufzuzwingen oder durchzusetzen bzw. dies bereits getan hat.
3. Eine Vertragspartei, in deren Staatsgebiet ein solcher Vorgang stattfindet, hat das Recht, die Parteiengruppe davon zu unterrichten, daß sie eine gemäß Absatz 2 gemeldete gegensätzliche Anforderung nicht zu beanstanden hat. In diesen Fällen gilt Absatz 1 nicht für solche Auflagen.
4. Wenn der Parteiengruppe eine gegensätzliche Anforderung gemeldet wurde und die Vertragspartei, in deren Staatsgebiet ein solcher Vorgang stattgefunden hat, keine Meldung gemäß Absatz 3 gemacht hat, hat die Gruppe das Recht, auf Antrag des Staates, der Entscheidungsbefugnis außerhalb eines Staatsgebietes ausübt, zu erwägen, ob ein Verzicht eines Verbots gegensätzlicher Anforderungen entsprechend Absatz 1 gewährt wird.
5. Bei ihren Überlegungen darüber, ob ein Verzicht entsprechend Absatz 1 gewährt wird, hat die Parteiengruppe folgende Überlegungen zu berücksichtigen:
   - Die Ergebnisse der Beratungen unter den betroffenen Staaten bezüglich der Art und Weise, in der ein Konflikt geschmälert oder vermieden werden könnte.
   - Ob infolge der kollidierenden Auflagen ein Investor oder die Kapitalanlage eines Investors einer ungerechten oder

unbilligen Behandlung unterzogen wurde oder werden könnte.

– Wenn eine gegensätzliche Anforderung gemäß Völkerrecht auferlegt wurde, um die von Maßnahmen außerhalb des Staatsgebietes einer Vertragspartei verursachten wesentlichen Auswirkungen auf diese möglichst zu verringern oder zu vermeiden, kann ein Verzicht gewährt werden, es sei denn, die Vertragspartei, in deren Staatsgebiet ein solcher Vorgang stattfindet, hat bereits vernünftige Maßnahmen ergriffen, um dafür zu sorgen, daß sie keinerlei Auswirkungen haben.

Entwurf eines Artikels über Boykotte von Sekundärinvestitionen

(Basiert auf dem Vorschlag einer Delegation, veränderte Formulierungen sind angegeben und in Fußnoten erläutert)

(Beitrag einer Delegation)

Keine Vertragspartei hat das Recht, Maßnahmen zu ergreifen, die

(i) Investoren oder Kapitalanlagen von Investoren einer anderen Vertragspartei eine Haftung entweder auferlegen oder dazu genutzt werden könnten

(ii) *oder* es verbieten, oder *Sanktionen verhängen* gegen den Umgang mit Investoren oder Kapitalanlagen von Investoren einer anderen Vertragspartei;

aufgrund von Kapitalanlagen in Drittstaaten, die sie gemäß der [*völkerrechtlich und*] in diesen Drittstaaten gültigen Gesetze und Vorschriften direkt oder indirekt tätigen, besitzen oder kontrollieren.

Einführung einer Ausnahmeklausel für den kulturellen Bereich

(Beitrag einer Delegation)

Nach eingehender Analyse der durch das MAI verursachten Auswirkungen ist die Delegation zu dem Schluß gelangt, daß die wesentlichen Grundsätze dieses Abkommens zu Anwendungsschwierigkeiten im kulturellen Sektor führen (insbesondere für die Bereiche Druckerzeugnisse, Presse und Rundfunk und Fernsehen). Eine Politik, deren Ziel es ist, die kulturelle und sprachliche Vielfalt zu bewahren, mag in der Tat unvereinbar mit den Disziplinen dieses Abkommens sein und könnte dadurch gefährdet werden.

In bezug auf direkte Einschränkungen für ausländische Kapitalanlagen werden bestehende Einschränkungen durch die Stillstandsvereinbarung wahrscheinlich außer Kraft gesetzt, da Sektoren, die neue Technologien einsetzen, diesen Einschränkungen nicht unterliegen. Dies hält eine Delegation für inakzeptabel und würde ihrer Meinung nach die Ergebnisse der Uruguay-Runde für den audiovisuellen Sektor unterminieren. Bei Abschluß der Runde waren nur drei OECD-Mitglieder besondere Verpflichtungen im audiovisuellen Sektor eingegangen. Die anderen Signatarstaaten – einschließlich der Europäischen Union und ihrer Mitgliedsstaaten – waren mit einer Stillstandsvereinbarung in bezug auf Modus 3 des GATT (»Einrichtung einer Präsenz zu gewerblichen Zwecken«) in diesem Sektor nicht einverstanden.

In bezug auf indirekte Einschränkungen für Kapitalanlagen sind die in das MAI aufzunehmenden Disziplinen noch nicht genau bekannt. Jedoch werden der Bereich Rundfunk und Fernsehen und Presse durch spezifische Vorschriften geregelt, bei denen sprachliche und/oder staatsbürgerliche Kriterien eine zentrale Rolle spielen. In dieser Hinsicht sollte im MAI deutlichgemacht werden, daß ein Staat zwei Unternehmen dieses Sektors unterschiedlich behandeln kann, insbesondere im Hinblick auf den sprachlichen Inhalt der produzierten Sendungen oder erbrachten Dienstleistungen.

Die Meistbegünstigungsklausel und das Prinzip der innerstaatlichen Handhabung lassen sich, wenn überhaupt, auf diese Sektoren nur mit Schwierigkeiten anwenden. Tatsächlich enthalten die meisten internationalen Übereinkommen, einschließlich Koproduktionsverträge, eine Ausnahme der Meistbegünstigungsklausel und bieten ausländischen Unternehmen aus Drittstaaten bevorzugte oder sogar innerstaaatliche Behandlung.

Das MAI sollte den Signatarstaaten die Möglichkeit geben, politische Maßnahmen durchführen zu können, die die kulturelle und sprachliche Vielfalt fördern und demzufolge die Sektoren, die dazu beitragen, zu schützen und zu fördern.

Nur eine Ausnahmeregelung für den Kultursektor ermöglicht es, den Sektor von den in diesem Abkommen geregelten Disziplinen zu schützen. Diese allgemeine Ausnahme könnte wie folgt formuliert werden:

> »Keine Bestimmung dieses Abkommens darf so verfaßt sein, daß Vertragsparteien daran gehindert werden, im Rahmen politischer Maßnahmen zur Wahrung und Förderung der kulturellen und sprachlichen Vielfalt Maßnahmen zur Regulierung von Kapitalanlagen ausländischer Unternehmen und den Bedingungen, unter denen diese Unternehmen tätig werden, zu treffen.«

ANHANG 2

Vorschlag des Vorsitzenden zu Umwelt und verwandten Angelegenheiten sowie Arbeit[1]

1. Das Vorgehen im Bereich von Umwelt und Arbeit ist darauf abgestellt, ein Gleichgewicht zwischen den MAI-Disziplinen und sonstigen für die Vertragsparteien des MAI relevanten öffentlichen Politikbereichen zu erreichen und unbeabsichtigte Konsequenzen für die normale Regulierungspraxis zu vermeiden. Einzelheiten der drei Anker, nämlich Präambel, Texte und die Einbeziehung der OECD-Leitsätze für Multinationale Unternehmen, werden derzeit noch geprüft. Dieser Erklärung des Vorsitzenden ist ein Paket von Textvorschlägen zu den Themen Umwelt und Arbeit als Anhang beigegeben, in dem auf umfassende Art und Weise die in unserer Arbeit[2] noch ungelösten Aspekte zusammengestellt werden.
2. Teile dieses Vorschlagspakets sprechen allgemeinere Anliegen als nur die Auswirkungen des MAI auf Umwelt und Arbeit an;

[1] Dieser Text gibt den Inhalt der Erklärung des Vorsitzenden vom 9. März 1998 wieder. Bei ihrer Erörterung durch die Verhandlungsgruppe im April 1998 erklärte eine große Mehrheit, daß sie das Vorgehen als solches unterstütze und daß es aus ihrer Sicht eine Grundlage für weitere Tätigkeiten sein könne.

[2] Die Streitbeilegungsverfahren berücksichtigen auch die Anliegen im Bereich von Umwelt und Arbeit; dies geschieht dadurch, daß es die Möglichkeit vorsieht, hierfür besonders qualifizierte Personen zur Besetzung von Schiedsgremien zu benennen (Artikel V.C.2(c) bezüglich Verfahren zwischen Staaten), daß Schiedsgremien auf Spezialkenntnisse im Umweltbereich und auf sonstigen Gebieten zurückgreifen können (Artikel V.C.5 und V.D.13) und daß die Parteiengruppe Vorschläge für die Transparenz von Streitverfahren unterbreiten kann. Darüber hinaus soll dieses Jahr noch eine Überprüfung der OECD-Leitsätze über Multinationale Unternehmen begonnen werden. Während dieses Überprüfungsprozesses sollen die Kapitel der Richtlinien über Umwelt und Beschäftigung sowie Arbeitgeber-/Arbeitnehmerbeziehungen einer besonders gründlichen Prüfung unterzogen werden.

dies gilt auch für die Vorschläge für die Artikel über Inländerbehandlung und Meistbegünstigung sowie die Artikel über Enteignung und allgemeine Behandlung.

Umwelt und verwandte Angelegenheiten

3. Die Teile des Vorschlagspakets, die die Umweltanliegen auf spezifische Art und Weise ansprechen, sind die Präambel, die Bekräftigung des Rechts der Vertragsparteien auf Einführung nichtdiskriminierender Regelungen, die Verhinderung eines »Absenkens der Maßnahmen« und die Ausnahme von den Disziplinen bezüglich der Tätigkeitsauflagen.
4. Zur Sicherung des geforderten Gleichgewichts ist in den vorgeschlagenen Umweltformulierungen der Präambel versucht worden, die Texte unter Herstellung der wichtigsten ausdrücklichen Bezugnahmen so knapp wie möglich zu halten. Alle weiteren derzeit der Verhandlungsgruppe vorliegenden Formulierungsvorschläge für die Präambel könnten im Zusammenhang mit einer politischen Erklärung oder auf eine andere mit dem MAI verknüpfte Weise überprüft werden.
5. Die Aufnahme der Formulierung »unter vergleichbaren Umständen« in die Bestimmungen über die Inländerbehandlung und die Meistbegünstigung sowie der Auslegungshinweis würden Anliegen der praktischen Implementierung des »De-facto«-Diskriminierungsgrundsatzes ansprechen und den notwendigen Spielraum für nichtdiskriminierende Regelungen wahren.
6. Im Umweltbereich scheint eine spezifische Bekräftigung des Inhalts erforderlich zu sein, daß das MAI normale nichtdiskriminierende Regelungstätigkeiten der Regierungen nicht behindert. Zusammen mit den übrigen Elementen dieses Vorschlagspakets stellt dies ein zielgerichtetes Vorgehen dar. Eine weitere Vorgehensweise wäre eine allgemeine Ausnahme im Geiste des Artikels XX des GATT, durch die die Notwendig-

keit gewisser weiterer Elemente dieses Pakets, insbesondere die Ausnahme zu den Bestimmungen über Tätigkeitsauflagen, beseitigt werden würde.

7. Der Vorschlag für eine verbindliche Formulierung für das »Nichtabsenken von Maßnahmen« ist auf inländische Maßnahmen sowie auf die Situation einer spezifischen Kapitalanlage beschränkt. Der Auslegungshinweis bringt die weithin verbreitete Meinung zum Ausdruck, daß die Regierungen die Möglichkeit haben müssen, ihre allgemeinen Umweltnormen im Laufe der Zeit anzupassen, und daß man durch Lockerung der Normen keine Kapitalanlagen an sich zu binden versuchen sollte. Später können sich noch weitere Erörterungen über die Auswirkungen verbindlicher Formulierungen für die Streitbeilegungsverfahren als erforderlich erweisen.
8. Der Vorschlag für einen Auslegungshinweis zu den Artikeln über Enteignung und allgemeine Behandlung entspricht dem auf hoher Ebene erzielten Einvernehmen über eine Klarstellung, daß das MAI die Ausübung der normalen Regelungsbefugnisse durch die Regierungen nicht behindern darf und daß die Ausübung solcher Befugnisse keiner Enteignung gleichkommt.
9. Der Ausnahme-Artikel für die Bestimmungen über die Tätigkeitsauflagen ist erforderlich, da diese Bestimmungen über Nichtdiskriminierung hinausgehen. Die Ausnahme betrifft diejenigen Tätigkeitsauflagen, die die Erfüllung von Gesetzen und Regelungen beeinträchtigen oder die für die Gesundheit, Sicherheit oder Umwelt schädlich sein könnten.
10. Das Vorschlagspaket hat zum Inhalt, daß die OECD-Leitsätze dem Text des MAI als Anhang beigefügt werden, ohne daß dadurch ihr nichtbindender Charakter geändert wird.

Arbeit

11. Die Teile des Vorschlagspakets, die die Anliegen im Bereich von Arbeit gesondert ansprechen, sind die Präambel und die verbindlichen Bestimmungen über ein »Nichtabsenken von Maßnahmen«.
12. Wie für den Umweltbereich enthält der Vorschlag eine knappe Formulierung, in der die von einer großen Anzahl von MAI-Parteien unterstützten wichtigsten ausdrücklichen Bezugnahmen aufrechterhalten werden. Wie für den Umweltbereich könnten etwaige weitere Vorschläge für derzeit der Verhandlungsgruppe vorliegende Formulierungen für die Präambel im Zusammenhang mit einer politischen Erklärung oder auf eine andere mit dem MAI verknüpfte Weise überprüft werden.
13. Die Aufnahme der Formulierung »unter vergleichbaren Umständen« in die Bestimmungen über Inländerbehandlung und Meistbegünstigung sowie der Auslegungshinweis würden Anliegen der praktischen Implementierung des »De-facto«-Diskriminierungsgrundsatzes ansprechen und den notwendigen Spielraum für nichtdiskriminierende Regelungen wahren. Dies könnte für Anliegen in den Bereichen Arbeit und Umwelt gleichermaßen gelten.
14. Eine spezifische Bekräftigung, daß das MAI normale nichtdiskriminierende Regelungsaktivitäten der Regierungen nicht behindert, soweit diese Gesundheits- und Sicherheitsanliegen zum Gegenstand haben, könnte sich auf Maßnahmen berücksichtigt beziehen, mit denen Arbeitsnormen gesetzt werden.
15. Der Vorschlag für eine verbindliche Formulierung »des Nichtabsenkens von Maßnahmen« ist auf inländische Maßnahmen sowie auf die Situation einer spezifischen Kapitalanlage beschränkt. Es wird der Begriff »inländisch« als wichtigstes Kriterium gewählt, da sich Kriterien wie »Kern«- oder »internationale Kern«-Normen bei den MAI-Parteien sehr stark zu unterscheiden scheinen. Der Begriff »Maßnahmen« ist hier

aus Gründen der Konsistenz mit weiteren redaktionellen Arbeiten am MAI für die Fälle gewählt worden, in denen es um die Instrumente geht, durch die die Regierungen handeln (inländische Gesetze, Regelungen, Anweisungen, Politiken usw.).[3] Der Auslegungshinweis bringt die allgemein geteilte Ansicht zum Ausdruck, daß die Regierungen die Möglichkeit haben müssen, ihre allgemeinen Arbeitsnormen im Laufe der Zeit anzupassen, und daß man durch eine Lockerung von Normen keine Kapitalanlagen an sich zu binden versuchen sollte. Es können sich später noch weitere Erörterungen über die Auswirkungen verbindlicher Formulierungen für die Streitbeilegungsverfahren als erforderlich erweisen.

16. Wie oben erwähnt, ist der Ausnahme-Artikel bezüglich der Bestimmungen über Tätigkeitsauflagen erforderlich, da die Bestimmungen über den Grundsatz der Nichtdiskriminierung hinausgehen. Die Ausnahme deckt Tätigkeitsauflagen ab, die die Erfüllung von Gesetzen und Regelungen beeinträchtigen oder die für die Gesundheit, Sicherheit oder Umwelt schädlich sein könnten.

17. Schließlich sieht das Vorschlagspaket vor, daß die OECD-Leitsätze dem Text des MAI als Anhang beigegeben werden, ohne daß dadurch der nichtverbindliche Charakter dieser Leitsätze geändert wird.

[3] Vgl. Artikel über Tätigkeitsauflagen, Anerkennungsvereinbarungen, Enteignung und Entschädigung, Transfers, Ausnahmen, befristete Schutzmaßnahmen, Aufsichtsmaßnahmen, Informationsübertragung und Datenverarbeitung sowie Besteuerung.

ANHANG 3

Paket von Vorschlägen für Formulierungen in den Bereichen Arbeit und Umwelt

1. Präambel

In Anerkennung der Tatsache, daß Kapitalanlagen als Motor des Wirtschaftswachstums eine Schlüsselrolle für die Gewährleistung eines nachhaltigen Wirtschaftswachstums spielen können, sofern es von geeigneten Umweltschutz- und Arbeitsmaßnahmen begleitet wird;

unter Bekräftigung ihrer Verpflichtung im Rahmen der Erklärung der Konferenz der Vereinten Nationen für Umwelt und Entwicklung, Rio de Janeiro 1992, und der Agenda 21 sowie des Programms für die weitere Implementierung, einschließlich des Verursacherprinzips und des Vorbeugungsgebots, und in dem Beschluß, dieses Abkommen auf eine Weise durchzuführen, die mit einer nachhaltigen Entwicklung sowie mit Schutz und Bewahrung der Umwelt vereinbar ist;

unter Bekräftigung ihrer Verpflichtung im Rahmen der Kopenhagener Erklärung des World Summit on Social Development und unter Beachtung der international anerkannten Arbeitnehmergrundrechte, d. h. Vereinigungsfreiheit, Organisations- und Tarifverhandlungsrecht, Verbot von Zwangsarbeit, Abschaffung ausbeuterischer Formen von Kinderarbeit und Nichtdiskriminierung auf dem Gebiet von Beschäftigung, sowie unter Beachtung der Tatsache, daß die Internationale Arbeitsorganisation weltweit für die Festlegung und Behandlung von Arbeitnehmergrundrechten zuständig ist.

2. Inländerbehandlung und Meistbegünstigung

1. Jede Vertragspartei gewährt den Investoren einer anderen Vertragspartei und deren Kapitalanlagen eine Behandlung, die nicht weniger günstig ist als diejenige, die sie unter vergleichbaren Umständen ihren eigenen Investoren und deren Kapitalanlagen in bezug auf Errichtung, Erwerb, Erweiterung, Betrieb, Verwaltung, Wartung, Verwendung, Genuß und Verkauf oder durch sonstige Verfügungen darüber einräumt.
2. Jede Vertragspartei gewährt den Investoren einer anderen Vertragspartei und deren Kapitalanlagen eine Behandlung, die nicht weniger günstig ist als diejenige, die sie unter vergleichbaren Umständen den Investoren jeder anderen Vertragspartei oder einer Nichtvertragspartei sowie den Kapitalanlagen von Investoren jeder anderen Vertragspartei oder jeder anderen Nichtvertragspartei in bezug auf Errichtung, Erwerb, Erweiterung, Betrieb, Verwaltung, Wartung, Verwendung, Genuß und Verkauf oder durch sonstige Verfügungen darüber einräumt.
3. Jede Vertragspartei gewährt den Investoren einer anderen Vertragspartei und deren Kapitalanlagen die jeweils bessere der von Artikel 1.1 und 1.2 geforderten Behandlung, je nachdem, welches die günstigere für diese Investoren oder Kapitalanlagen ist.[1]

[1] Auslegungshinweis: Bei Inländerbehandlung und Meistbegünstigung handelt es sich um relative Normen, die einen Vergleich zwischen der Behandlung von ausländischen Investoren und ausländischen Kapitalanlagen und der Behandlung von inländischen oder Drittlandsinvestoren und deren Kapitalanlagen erfordern. Die Regierungen haben ggf. legitime politische Gründe dafür, die verschiedenen Arten von Kapitalanlagen unterschiedlich zu behandeln. Gleichermaßen können die Regierungen legitime politische Gründe dafür haben, in- und ausländische Investoren und deren Kapitalanlagen unter gewissen Umständen unterschiedlich zu behandeln, zum Beispiel dort, wo dies erforderlich ist, um die Beachtung inländischer Gesetze zu sichern, die mit den Grundsätzen von Inländerbehandlung und Meistbegünstigung nicht unvereinbar sind. Die Tatsache, daß eine von einer Regierung angewandte Maßnahme sich auf eine Kapitalanlage oder einen Investor einer anderen Partei anders auswirken kann, würde die Maßnahme nicht von vornherein mit den Grundsätzen von Inländerbehandlung und Meistbegünsti-

3. Bekräftigung des Regulierungsrechts

»Eine Vertragspartei kann jede Art von Maßnahme durchführen, beibehalten oder vollstrecken, die sie für geeignet hält, um sicherzustellen, daß Investitionen auf eine Weise getätigt und ausgeübt werden, bei der auf die Gesundheits-, Sicherheits- oder Umweltanliegen Rücksicht genommen wird, sofern solche Maßnahmen mit diesem Abkommen vereinbar sind.«

4. »Kein Absenken von Maßnahmen«

Eine Vertragspartei verpflichtet sich, nicht auf ihre inländischen Gesundheits-, Sicherheits-, Umwelt- und Arbeitsmaßnahmen zu verzichten oder davon abzugehen oder das Angebot dafür zu unterbreiten, auf diese Maßnahmen zu verzichten oder von ihnen abzugehen, in dem Bestreben, daß ein Investor eine Kapitalanlage errichtet, erwirbt, ausweitet, betreibt, verwaltet, aufrechterhält, nutzt, die Früchte aus ihnen zieht oder sie verkauft oder eine sonstige Verfügung darüber trifft.[2]

gung unvereinbar machen. Das Ziel »unter vergleichbaren Umständen« soll eine Würdigung aller relevanten Umstände ermöglichen, einschließlich derjenigen, die sich auf einen ausländischen Investor und seine Kapitalanlagen beziehen, wenn eine Entscheidung darüber gefällt werden muß, mit welchem inländischen oder Drittlandsinvestor oder mit welcher inländischen oder Drittlandskapitalanlage diese geeigneterweise verglichen werden sollten.

2 »Auslegungshinweis: Die Parteien erkennen an, daß die Regierungen die Flexibilität haben müssen, die sie benötigen, um ihre allgemeinen Gesundheits-, Sicherheits-, Umwelt- und Arbeitsnormen aus politischen Gründen im Laufe der Zeit anzupassen, jedoch mit der Ausnahme, daß sie dadurch keine Anwerbung ausländischer Investitionen beabsichtigen.«

5. Enteignung und allgemeine Behandlung[3]

1. Allgemeine Behandlung

1. Jede Vertragspartei gewährt den Kapitalanlagen von Investoren einer anderen Vertragspartei in ihrem Hoheitsgebiet eine gerechte Behandlung sowie vollen dauerhaften Schutz und Sicherheit. Eine solche Behandlung gilt auch für den Betrieb, das Management, die Aufrechterhaltung, die Verwendung, den Genuß der Früchte aus solchen Kapitalanlagen und eine anderweitige Verfügung darüber.

2. Enteignung und Entschädigung

1. Eine Vertragspartei enthält sich der Enteignung oder Verstaatlichung einer Kapitalanlage eines Investors einer anderen Vertragspartei in ihrem Hoheitsgebiet und ergreift auch keine enteignungs- und verstaatlichungsgleichen Maßnahmen außer: …

6. Tätigkeitsauflagen

4. Unter der Voraussetzung, daß solche Maßnahmen nicht auf eine willkürliche und auf eine nicht zu rechtfertigende Weise ergriffen werden und daß sie keine verborgenen Investitions-

[3] Auslegungshinweis: Die Artikel über --Allgemeine Behandlung und -- über Enteignung und Entschädigung sollen bestehende internationale Rechtsnormen im MAI verankern. Die Bezugnahme auf Enteignung oder Verstaatlichung sowie auf »enteignungs- und verstaatlichungsgleiche Maßnahmen« in Artikel IV.2.1 spiegelt die Tatsache wider, daß nach internationalem Recht eine Enteignung auch dann entschädigungspflichtig ist, unabhängig von der Bezeichnung, unter der sie letztlich durchgeführt wird, wenn der Vermögenswert nicht formell entzogen wird. Damit wird kein neues Erfordernis aufgestellt, daß die Parteien in bezug auf Verluste entschädigungspflichtig sind, die ein Investor oder eine Kapitalanlage durch eine Regulierung, Steuererhebung oder eine sonstige von einer Regierung im öffentlichen Interesse ergriffenen üblichen Maßnahmen erleidet. Auch würde jede normale nichtdiskriminierende Regierungstätigkeit den in Artikel 1 (Allgemeine Behandlung) genannten Normen nicht zuwiderlaufen.«

beschränkungen darstellen, dürfen die Bestimmungen der Absätze 1(b) und 1(c) nicht so ausgelegt werden, daß sie eine Vertragspartei daran hindern, Maßnahmen zu ergreifen oder beizubehalten einschließlich Umweltschutzmaßnahmen, die erforderlich sind, um

(a) die Einhaltung von Maßnahmen zu sichern, die mit den Bestimmungen dieses Abkommens nicht unvereinbar sind;
(b) die Gesundheit von Mensch, Tier und Pflanzen zu sichern, und
(c) die erschöpfbaren organischen und nichtorganischen natürlichen Reserven zu bewahren.

7. OECD-Leitsätze für Multinationale Unternehmen

Die OECD-Leitsätze für Multinationale Unternehmen werden dem Text des MAI als Anhang angefügt.

Kurt-Peter Merk

Eine kritische Kommentierung des Multilateralen Abkommens über Investitionen

A. Einführung in den Zusammenhang und Diskussionsstand

Die Abkürzung **MAI** bedeutet **Multilaterales Abkommen über Investitionen** (Multilateral Agreement on Investment). Dieses Abkommen befindet sich gegenwärtig im fortgeschrittenen Verhandlungsstadium, und es liegt ein Entwurf (draft convention) vom 24. April 1998 vor, der Gegenstand dieser Untersuchung ist.

Das MAI wird verhandelt im Rahmen der **OECD** (Organisation für wirtschaftliche Zusammenarbeit und Entwicklung). Die OECD ist eine internationale Organisation mit gegenwärtig 29 Mitgliedern, insbesondere aus dem Kreis der führenden Industrienationen.

Mitglieder sind Australien, Österreich, Belgien, Kanada, Tschechische Republik, Dänemark, Finnland, Frankreich, Deutschland, Griechenland, Ungarn, Island, Irland, Italien, Japan, Korea, Luxemburg, Mexiko, Holland, Neuseeland, Norwegen, Polen, Portugal, Spanien, Schweden, Schweiz, Türkei, Großbritannien und die USA.

Neben den Mitgliedstaaten der OECD nimmt als Nichtmitglied der OECD, jedoch mit gleichen Rechten, die **EU** (Europäische Union) als Verhandlungspartner an den Verhandlungen teil, und zwar neben bzw. zusätzlich zu den Staaten, die als OECD-Mitglieder beteiligt sind, aber gleichzeitig Mitglieder der **EU** sind. Diese besondere Rolle der EU als gleichberechtigter Partner von Nationalstaaten beruht auf ihrer singulären supranationalen Struktur und Art. 231 EGV (Vertrag zur Gründung der Europäischen Gemeinschaft), worin der EU vorgeschrieben wird, »ein enges Zusammenwirken« mit der OECD herbeizuführen.

Diese Regelung verpflichtet rechtlich zwar nur die Mitglieder der EU. Da jedoch sämtliche Mitglieder der EU (Art. 227 Abs. 1 EGV) gleichzeitig auch Mitglieder der OECD sind, ist die Realisierung der engen Zusammenarbeit zwischen EU und OECD gewährleistet.

Sämtliche Mitglieder nehmen an den Verhandlungen des MAI teil. Hinzu kommen als **Beobachter** Argentinien, Brasilien, Chile, Estland, Hongkong, China, Lettland, Litauen und die Slowakische Republik. Auffällig am Kreis der Beobachter ist das völlige Fehlen afrikanischer Staaten und die Nichtbeteiligung Rußlands und Indiens.

Die Verhandlungen der Staatenvertreter bei der OECD begannen im Jahre 1975 und fanden lange Zeit praktisch unter Ausschluß der Öffentlichkeit statt. Da Verhandlungen mit ähnlichem Ziel im Rahmen der Uruguay-Runde am Widerstand von Drittweltstaaten gescheitert waren, war eine die Verhandlung begleitende öffentliche Diskussion nicht erwünscht. Erst im Jahre 1997 wurde der damalige Verhandlungsstand in der Öffentlichkeit lanciert und löste eine teilweise sehr heftige kritische Auseinandersetzung mit dem Vorhaben aus. Dies führte zu einer Verzögerung der Verhandlungen, die eigentlich bereits im April 1998 hätten abgeschlossen sein sollen.

In dem Ministertreffen der OECD-Mitgliedsstaaten Ende April 1998 wurde beschlossen, den Verhandlungszeitraum unbefristet zu verlängern und die nächste Verhandlungsrunde im Oktober 1998 zu beginnen. Dies eröffnet die Möglichkeit, rechtzeitig vor Beginn der nächsten Verhandlungsrunde den Inhalt des aktuellen Entwurfs zu prüfen und kritische Positionen zu formulieren. Die qualifizierteste Kritik am vorliegenden Text des Abkommens stammt von Nichtstaatlichen Internationalen Organisationen (**NGOs**).

Hervorzuheben sind hier die Stellungnahmen des **WWF** (Worldwide Fund for Nature) und der **Friends of the Earth**. Die Befassung gerade dieser NGOs mit der Materie ist nicht verwunderlich, da sie Umwelt- und Entwicklungsziele verfolgen und die OECD sich zur Rechtfertigung des MAI nicht zuletzt auf **Agenda 21** der UN-Konferenz über Umwelt und Entwicklung von 1992 beruft (Rio de Janeiro, UN-Dokument A/Konf. 151/26 Abs. 2.23).

Dort wird festgestellt, daß – ausländische wie inländische – Investitionen entscheidenden Einfluß auf die Fähigkeit der Entwicklungsländer haben, Wirtschaftswachstum zu erzielen und das Wohlergehen ihrer Bevölkerung zu steigern.

In Abs. 33.15 heißt es hierzu: »Die Mobilisierung höherer ausländischer Direktinvestitionen und der Transfer von Technologien sollen durch eine investitionsfördernde nationale Politik und durch Gemeinschaftsunternehmen und sonstige Modalitäten unterstützt werden.«

Nach Auffassung der OECD wird mit dem MAI dieses Ziel gleichrangig verfolgt, mit dem Ziel der Schaffung von Rechtssicherheit für Investitionen. Die Überprüfung des konsolidierten Textes vom 24. April 1998 ergibt jedoch, daß die Verhandlungsparteien bisher nur das eine Ziel, Rechtssicherheit für Investitionen zu schaffen, in sehr effektiver Weise umgesetzt haben und dabei sogar so weit gegangen sind, dem (ausländischen) Träger einer Investition die Klagebefugnis gegen den Staat, in dem die Investition getätigt wurde, vor einem internationalen Gericht einzuräumen.

Diese Privilegierung insbesondere international agierender Konzerne stößt auf erhebliche Bedenken, nicht zuletzt deshalb, weil eine umgekehrte Klagebefugnis des Staates, in dem eine Investition getätigt wurde, gegen den Träger der Investition, also in der Regel gegen einen international agierenden Konzern, nicht eingeräumt wurde. Demgegenüber werden die vorgeblich auch verfolgten Umweltschutzziele und sozialen Entwicklungsziele im bisherigen Entwurf allenfalls am Rande berücksichtigt. Zusammen mit der starken Stellung des Investors ergeben sich hier erhebliche Probleme bei der Durchsetzung nicht nur von internationalen, sondern auch von nationalen Umwelt- und Sozialstandards.

Solange das MAI entsprechende Schutzklauseln nicht enthält, kann die Verfolgung nationaler Umwelt- und Sozialpolitiken nicht mit der erforderlichen rechtlichen Zuverlässigkeit zur Bedingung von Investitionen gemacht werden. Dies hat zur Folge, daß der Investor sich vor einem internationalen Schiedsgericht gegen die Einhaltung eventueller Umwelt- und Sozialauflagen wehren bzw. Schadensersatz vom Empfängerstaat der Investitionen verlangen könnte. Eine solche Aussicht wiederum könnte den Empfängerstaat der Investition dazu veranlassen, von vornherein auf die Einhaltung seiner nationalen Umwelt- und Sozialstandards zu verzichten bzw. diese auf das internationale Minimalniveau zurückzunehmen.

Dieses Szenario ist der Anlaß für die von den Nichtstaatlichen Internationalen Umwelt- und Entwicklungsorganisationen erhobene Kritik, die durch das MAI in seiner jetzigen Form die Verfolgung und Stärkung von Umweltschutz- und sozialen Entwicklungszielen in hohem Maße gefährdet sehen. Hinzu kommt eine Aushöhlung lokaler regionaler, aber sogar nationaler politischer Gestaltungsmacht, die zu einem besorgniserregenden Demokratiedefizit bei ausländischen Direktinvestitionen führen kann.

Die vom MAI geregelte Materie, also wirtschaftliche Direktinvestitionen im Ausland, stellt einen bedeutenden Sektor der Weltwirtschaft dar. Im Jahre 1980 belief sich das Volumen weltweit auf 519 Milliarden Dollar, im Jahre 1990 bereits auf 1 691 Milliarden Dollar, und im Jahre 1996 wurde ein Volumen von 3 178 Milliarden Dollar, erreicht. An diesem Volumen von 1996 sind Investoren aus den USA mit dem größten Einzelanteil von rund 794 Milliarden Dollar beteiligt.

Das Volumen deutscher Investoren belief sich auf 288 Milliarden Dollar. Japanische Investoren waren mit 330 Milliarden Dollar beteiligt, Großbritannien mit 356 Milliarden Dollar und Frankreich mit 206 Milliarden Dollar. Zu den führenden Investoren gehören noch die Niederlande (185 Milliarden Dollar), die Schweiz (153 Milliarden Dollar) und Italien (118 Milliarden Dollar). Alle übrigen Länder zusammen erreichen ein Volumen von 748 Milliarden Dollar. Die Zusammenstellung zeigt, für welche Staaten das Zustandekommen eines Abkommens zum Schutz von Auslandsinvestitionen von besonderer Bedeutung ist.

Unter Berücksichtigung dieser Interessenlage sind nun die Probleme des **Umweltdumpings**, **Sozialdumpings** und des **Demokratiedefizits** in den Empfängerländern im einzelnen zu erläutern.

B. Die rechtliche Bedeutung des MAI im Rahmen des Internationalen Rechts (Völkerrecht)

Das MAI ist eine multilaterales Abkommen. Es handelt sich damit um einen völkerrechtlichen Vertrag. Man unterscheidet im Völkerrecht zwischen bilateralen und multilateralen Abkommen bzw. Verträgen. An bilateralen Verträgen sind nur zwei Parteien beteiligt, an multilateralen Verträgen drei oder mehr Parteien.

Der wichtigste multilaterale Vertrag ist die Charta der UN (Vereinte Nationen) mit mehr als 150 Mitgliedsstaaten. Die UN-Charta hat damit praktisch Universalität erreicht.

Parteien, also Vertragschließende eines völkerrechtlichen Abkommens bzw. eines völkerrechtlichen Vertrages können nur Völkerrechtssubjekte sein. Bei Völkerrechtssubjekten unterscheidet man zwischen primären Völkerrechtssubjekten und sekundären Völkerrechtssubjekten. Primäre Völkerrechtssubjekte sind die **Nationalstaaten**. Bei den sekundären Völkerrechtssubjekten handelt es sich um staatliche **Internationale Organisationen**, also etwa die Vereinten Nationen oder auch die hier interessierende OECD.

Der EU (Europäische Union) kommt eine Sonderrolle zu, die dadurch gekennzeichnet ist, daß es sich bei ihr nicht nur um eine internationale Organisation, gegründet von Nationalstaaten, handelt, sondern darüber hinaus um eine **supranationale Organisation**.

Dieser besondere Rang beruht darauf, daß die Organe der EU insbesondere der Rat zur Rechtssetzung gegenüber den Mitgliedsstaaten befugt ist. Gemäß § 189 EGV können das Europäische Parlament und der Rat gemeinsam sowie der Rat und die Kommission Verordnungen und Richtlinien erlassen.

Die **Richtlinie** ist für jeden Mitgliedsstaat, an den sie gerichtet wird, hinsichtlich des zu erreichenden Zieles verbindlich, überläßt jedoch den innerstaatlichen Stellen die Wahl der Form und der Mittel.

Schon diese Regelung geht weit über die Kompetenzen einer internationalen Organisation hinaus, da sie den Mitgliedsstaaten rechtlich verbindliche Vorgaben für die innerstaatliche Gesetzgebung macht. Noch intensiver in die Souveränität der Mitgliedsstaaten wird jedoch durch Verordnungen der EU eingegriffen.

Die **Verordnung** hat allgemeine Geltung. Sie ist in allen ihren Teilen verbindlich und gilt unmittelbar in jedem Mitgliedsstaat (Art. 189 Satz 2 EGV). Durch den Erlaß einer solchen Verordnung werden nationale Gesetze der Mitgliedsstaaten, die den Regelungen der Verordnung widersprechen, ohne weiteres obsolet. Mit dem Inkrafttreten der Verordnung treten diese der Verordnung widersprechenden (nationalen) Regelungen unmittelbar außer Kraft, ohne daß es hierzu eines Tätigwerdens des nationalen Gesetzgebers bedürfte. In dieser erheblichen Souveränitätseinschränkung durch unmittelbare Rechtssetzung durch die EU ist die Supranationalität der EU als internationale Organisation begründet. Hintergrund ist das von den Mitgliedern erklärte politische Ziel, die Staaten der EU mittelfristig vom Staatenbund zum Bundesstaat zu führen.

Abkommen zwischen Völkerrechtssubjekten sind nun nicht vergleichbar mit innerstaatlichen Verträgen. Auch für innerstaatliche Verträge gilt zwar üblicherweise der Grundsatz der Vertragsfreiheit. Die Vertragsfreiheit endet jedoch an den jeweiligen nationalen Gesetzen, und Verträge, die diesen widersprechen, sind unwirksam bzw. nichtig. Wenn zwischen den Parteien eines innerstaatlichen Vertrages Streit über Auslegung oder Wirksamkeit des Vertrages entsteht, so existiert eine Judikative, also richterliche Kontrolle, die verbindlich und durch das staatliche Gewaltmonopol durchsetzungsfähig den Streit abschließend entscheidet.

Auf der Ebene des Völkerrechts demgegenüber gilt der **Grundsatz der souveränen Gleichheit** der Nationalstaaten (Art. 2 Nr. 1 UN-Charta). Es existiert für Verträge zwischen diesen Subjekten keine übergeordnete Normenstruktur und auch keine obligatorische Rechtsprechungsinstanz, die im Streitfalle verbindlich entscheiden könnte. Ebensowenig existiert ein Gewaltmonopol, das eventuelle richterliche Entscheidungen durchsetzen könnte. Die Form des Abkommens ist daher im Rechtsverkehr zwischen primären Völkerrechtssubjekten die höchste Form der Regelung zwischenstaatlicher Angelegenheiten.

Schließlich gibt es im Rechtsverkehr zwischen Nationalstaaten nicht nur Verträge im strengen Sinn, sondern eine Vielzahl von Abstufungen zwischen nur einseitigen Erklärungen über zweiseitige Erklärungen bis hin zu Verträgen im strengen Sinne, bei denen eine obligatorische Gerichtsbarkeit vereinbart wird.

Unterhalb der Schwelle des völkerrechtlichen Vertrages gibt es z. B. Gentlemen agreements zwischen Staatsmännern als Personen, wechselseitige Absichtserklärungen oder ausdrücklich außerrechtliche Abmachungen, wie z. B. die Schlußakte der Konferenz über Sicherheit und Zusammenarbeit in Europa (KSZE).

Diese Regelungen auf der Basis der Gegenseitigkeit entfalten keine völkerrechtlich verbindlichen Wirkungen. Da sie jedoch häufig recht konkret juristisch formuliert werden, hat sich für diesen Bereich von Vereinbarungen der Begriff »**soft law**« eingebürgert. Diese Qualifizierung gilt auch für sogenannte Verhaltenskodices (Codes of Conduct), mit denen insbesondere **Transnationale Unternehmen** unter stärkere Kontrolle der nationalen

Rechtsordnungen gebracht und an gemeinsame wirtschafts-, entwicklungs- und sozialpolitische Zielsetzungen gebunden werden sollen (Verdross/Simma, Universelles Völkerrecht, 1984, S. 343). Für den Bereich der ausländischen Direktinvestitionen, die Gegenstand der Regelungen des MAI sind, gibt es bereits seit etwa 20 Jahren den **Code of Conduct on Transnational Corporations**, der wiederum im Rahmen der OECD ausgearbeitet wurde und der Regelungen enthält über die Achtung von Souveränität, Recht und Entwicklungs- bzw. soziokulturellen Zielen und Wertvorstellungen der Gast- wie Heimatländer sowie das Gebot der Respektierung der Menschenrechte und der Nichteinmischung in die inneren und äußeren Angelegenheiten der Staaten.

Weiter sind Bestimmungen enthalten zur inneren Entscheidungsstruktur der Unternehmen, über die Überprüfung und Neuverhandlung von Verträgen, über Zahlungsbilanz, Finanzierung, Transferpreise, Besteuerung, Verbraucher- und Umweltschutz; schließlich Informationsgebote gegenüber der Öffentlichkeit, den betroffenen Regierungen und den Gewerkschaften (Verdross/Simma, Universelles Völkerrecht, 1984, S. 271).

Diese Regelungen sind aber weder für den Heimatstaat des Investors noch den Empfängerstaat der Investition, noch für den Investor selbst verbindlich. Sie dienen ihnen ausschließlich als Leitlinien für das wünschenswerte Verhalten und können rechtlich nicht durchgesetzt werden.

Nach dem aktuellen Stand der Verhandlungen sollen die Leitsätze für Multinationale Unternehmen als **Anhang** Teil des MAI werden. Die Delegationen haben sich hierzu auf folgenden Text geeinigt, der unmittelbar vor die Leitlinien eingefügt werden soll.

»Die folgenden Leitsätze für Multinationale Unternehmen stellen eine gemeinsame Empfehlung der beteiligten Regierungen für die in ihrem Hoheitsgebiet ansässigen multinationalen Unternehmen dar.

Der Sinn und Zweck dieser Leitsätze besteht darin, multinationale Unternehmen dabei zu unterstützen, dafür zu sorgen, daß ihre Geschäfte im Einklang mit der nationalen Politik der Staaten, in denen sie tätig sind, stehen.

Die Leitsätze enthalten Empfehlungen zur Politik im allgemeinen, zur Weitergabe und Information, zu Wettbewerb, Finanzierung, Besteuerung, Beschäftigung und Arbeitsbeziehungen, zum Umweltschutz sowie zu Wissenschaft und Technik.

Die Leitsätze gehören zur Erklärung der **OECD** über Internationale Kapitalanlagen und Multinationale Unternehmen vom 21. Juni 1976 in ihrer überarbeiteten Fassung. Hintergrundinformationen und offizielle Erläuterungen sind in der Broschüre ›Die OECD-Leitsätze für multinationale Unternehmen‹ zu finden (MAI Art. 10, Ziff. 3).«

Es wird also ausdrücklich der empfehlende Charakter hervorgehoben, mit der Folge, daß durch das MAI die Leitsätze für Multinationale Unternehmen nicht völkerrechtlich verbindlich werden, sondern weiterhin ihr Soft-law-Charakter erhalten bleibt.

Daneben gibt es rund 1630 bilaterale und multilaterale Abkommen variierenden Verbindlichkeitsgrades zur Regelung von ausländischen Direktinvestitionen. Diese verwirrende Vielfalt von Vereinbarungen, die auch von vielen Nationalstaaten kaum überblickt wird, wirkt sich bei mittelständischen Unternehmen dahingehend aus, daß sie im Zweifel auf eine Direktinvestition im Ausland wegen der bestehenden erheblichen Rechtsunsicherheit verzichten.

Multinationale Unternehmen orientieren ihre Investitionsentscheidungen an diesen Vorgaben, mit der Gefahr, daß sie zur Vermeidung entsprechender Kosten bei umweltschädigenden Investitionen eine Ansiedlung genau dort vornehmen, wo entweder kein Investitionsabkommen besteht oder dieses niedrige oder gar keine Umweltstandards enthält.

Ähnliches gilt für eine Investitionsentscheidung unter dem Gesichtspunkt sozialer Kosten oder dem Gesichtspunkt des **Profittransfers.** Damit entziehen sich die multinationalen Unternehmen gerade durch die Vielzahl der nur bilateralen Abkommen einer effektiven Kontrolle ihrer Investitionen sowohl durch den Heimatstaat als auch durch den Empfängerstaat. Es ist damit eine Schwächung der politischen Gestaltungsmacht der Nationalstaaten zugunsten einer wachsenden Macht der Multinationalen Unternehmen programmiert.

Aufgrund dieser Situation ist das mit dem MAI politisch verfolgte Anliegen entsprechend den Zielen der Agenda 21 der UN-Konferenz über Umwelt und Entwicklung von 1992 (Rio) ein völkerrechtlich verbindliches Abkommen zu schaffen, das mit der Tendenz zur globalen Geltung Rechtssicherheit im Hinblick auf ausländische Direktinvestitionen sowohl für den Investor als auch die beteiligten Staaten schafft, nicht von vornherein zu beanstanden, sondern grundsätzlich zu begrüßen. Es könnte auf diese Weise die bestehende Situation, die insbesondere transnationale Unternehmen privilegiert, verändert werden zugunsten der Errichtung eines völkerrechtlich verbindlichen einheitlichen Regimes, mit dem **Ziel einer effektiven Kontrolle von ausländischen Direktinvestitionen** sowohl durch den Heimatstaat als auch durch den Empfängerstaat.

Dies gilt jedoch nur formal bzw. strukturell, denn damit ist noch keine Aussage über den wünschenswerten oder auch nur unverzichtbaren Inhalt eines solchen Abkommens gesagt.

C. Die wesentlichen Regelungen und Grundsätze des MAI

Das MAI gliedert sich in 12 Abschnitte. Die nachfolgende zusammenfassende Darstellung folgt dieser Gliederung.

I. Allgemeine Bestimmungen

Unter diesem Titel wird die Präambel des Abkommens formuliert. Dort findet sich üblicherweise das Regelungsziel in Anknüpfung an bereits bestehende völkerrechtliche Regelungen, die explizit oder implizit in Bezug genommen werden.

Die Präambel hebt hervor, daß internationale Kapitalanlagen in der Weltwirtschaft eine große Bedeutung erlangt und beträchtlich zur Entwicklung der Staaten beigetragen haben. Aus dieser Realität ergibt sich der Regelungsbedarf. Regelungsziel ist es, für das Welthandelssystem gerechte transparente und verläßliche Vorschriften für Kapitalanlagen zu schaffen und hierzu ein umfassendes multilaterales Rahmenwerk mit hohen **Liberalisierungs- und Schutzstandards** sowie mit wirksamen Streitbeilegungsverfahren unter dem mittelfristigen **Anspruch globaler Geltung zu schaffen**.

In Bezug genommen werden die Erklärung der Konferenz der Vereinten Nationen für Umwelt und Entwicklung Rio de Janeiro 1992 und Agenda 21 sowie die Verpflichtung im Rahmen der Kopenhagener Erklärung des World Summit on Social Development und die international anerkannten **Kernarbeitsstandards**, d. h. Vereinigungsfreiheit, Organisations- und Tarifverhandlungsrecht, Verbot von Zwangsarbeit, Abschaffung ausbeuterischer Formen von Kinderarbeit sowie Nichtdiskriminierung auf dem Gebiet der Beschäftigung. Dabei wird jedoch darauf hingewiesen, daß für diesen Bereich die internationale Arbeitsorganisation zuständig ist.

Hinsichtlich der Inbezugnahme von umweltrelevanten Regelungen besteht gegenwärtig noch Dissens unter den Vertragsparteien. So wird die Ansicht vertreten, daß in die Präambel sowohl der Begriff des **sustainable development**, also das Kriterium der **Nachhaltigkeit**, aufgenommen werden sollte und der Präambeltext um die explizite Inbezugnahme des Internationalen Umweltschutzrechts einschließlich des Schutzes und der Erhaltung der Umwelt sowie des Verursacher- und Vorsorgeprinzips ergänzt werden müßte.

Eine andere Position geht dahin, diesen Normenbereich primär in einer besonderen vertraglichen Schutzklausel und allenfalls sekundär in der Präambel zu regeln. Ähnlich umstritten ist noch die Inbezugnahme der sozialen Standards in der Präambel.

Schließlich wird in der Präambel noch ausdrücklich auf die OECD-Leitsätze für multinationale Unternehmen verwiesen und festgestellt, daß diese nicht bindenden und ausschließlich freiwilligen Charakter haben und nur dazu dienen, das gegenseitige Vertrauen zwischen Unternehmen und Gastländern zu fördern, um zu einem günstigen **Investitionsklima** beizutragen.

II. Geltungsbereich und Anwendung Definitionen

Teil II beschreibt den personellen, sachlichen und räumlichen Anwendungsbereich des Abkommens. Hierzu werden die Begriffe Investor und Kapitalanlage definiert sowie der räumliche Anwendungsbereich beschrieben.

Danach soll das Abkommen **Geltung** haben im **gesamten Hoheitsgebiet der Vertragsstaaten** einschließlich der Seegebiete jenseits ihrer Hoheitsgewässer, soweit sie gemäß der Seerechtskonvention der Vereinten Nationen von 1982 hierüber Gerichtsbarkeit gemäß dem Völkerrecht ausüben.

Investor ist jeder Staatsangehörige einer Vertragspartei und jede natürliche Person, die rechtmäßig ihren ständigen Wohnsitz im Hoheitsgebiet einer Vertragspartei hat. Darüber hinaus wird jede juristische Person oder jede andere Rechtspersönlichkeit, die gemäß dem geltenden Recht einer Vertragspartei gegründet worden ist, unabhängig davon, ob sie Erwerbscharakter hat oder nicht, ob sie sich in Privat- oder Staatsbesitz befindet oder unter staatlicher Kontrolle steht, einschließlich Kapitalgesellschaften, Treuhandvermögen, Personengesellschaften, Alleininhaberschaften, Gemeinschaftsunternehmen, Verbände und Organisationen als Investor definiert.

Hieran anknüpfend wird als **Kapitalanlage** jede Art von Vermögenswert, die direkt oder indirekt ganz oder mehrheitlich im Eigentum eines Investors oder seiner Kontrolle steht, definiert. Im einzelnen aufgeführt werden dabei Unternehmen in dem umfassenden Sinn wie vorstehend bei der Definition des Investors, weiterhin alle Formen von Kapitalbeteiligungen, Vertragsrechten einschließlich Konzessionen, Lizenzen sowie Forderungen und Rechte am geistigen Eigentum. Hinsichtlich der Einzelheiten wird auf den Text verwiesen.

In dem umfassenden Charakter der Definitionen kommt das Ziel der Vertragsparteien zum Ausdruck, eine ausnahmslose Gültigkeit des Abkommens in personeller, sachlicher und räumlicher Hinsicht zu erreichen. Es soll vermieden werden, daß bestimmte Konstruktionen juristischer Personen oder bestimmte Arten von Investitionen sich der Geltung des Abkommens entziehen können.

Dieser **globale Anspruch** ist nicht nur im Interesse der Heimatländer, sondern auch im Interesse der Empfängerstaaten in hohem Maße wünschenswert.

III. Behandlung von Investoren und Kapitalanlagen

In diesem Abschnitt werden Rahmenbedingungen festgelegt, die alle Vertragsparteien verpflichten und auf deren Einhaltung sich ein ausländischer Investor verlassen kann. Es handelt sich dabei um die Prinzipien der Inländerbehandlung, der Meistbegünstigung und der Auflagenfreiheit. Gleichzeitig wird als Voraussetzung normative Transparenz vereinbart.

Im einzelnen ergibt sich folgendes:

a) Transparenz

Die Vertragsstaaten verpflichten sich zur Veröffentlichung sämtlicher Gesetze im weitesten Sinn, die für einen ausländischen Investor und seine Investitionsentscheidung Bedeutung haben können. Auf diese Weise soll gewährleistet werden, daß Investoren von vornherein abschätzen können, auf welche Rechtsvorschriften sie sich bei der Investition einstellen müssen.

Die Staaten verpflichten sich weiter, konkrete Anfragen von Vertragsstaaten im Hinblick auf die Rahmenbedingungen konkreter Investitionen unverzüglich zu beantworten.

Dieser Transparenzverpflichtung der Staaten steht jedoch im Hinblick auf den Investor keine vergleichbare Offenheitsforderung gegenüber. Es besteht nach der Vereinbarung kein Anspruch eines Staates gegenüber einem anderen Staat auf Auskunft über vertrauliche oder rechtlich geschützte Informationen einschließlich Informationen über spezielle Investoren oder Kapitalanlagen, wenn dies im Heimatstaat des Investors den Gesetzesvollzug behindern würde, im Widerspruch zu den Gesetzen des Heimatstaates stehen oder legitime Handelsinteressen einzelner Unternehmen beeinträchtigen würde.

Diese sehr allgemein gehaltene Regelung stellt im Hinblick auf Informationen über den Investor das Gegenteil von Transparenz dar.

Dieser sehr weit gehende Schutz vor Weitergabe von Informationen des Heimatstaates des Investors an den Empfängerstaat der Investition stärkt nachhaltig die Position des Investors gegenüber dem Empfängerstaat. Dessen Kontrolle über ausländische Direktinvestitionen wird demgegenüber erheblich eingeschränkt.

b) Inländerbehandlung

Hierbei handelt es sich um die Verpflichtung zur **Nichtdiskriminierung**. Danach ist jeder Empfängerstaat einer Investition verpflichtet, den ausländischen Direktinvestor nicht schlechter zu behandeln als die eigenen inländischen Investoren.

c) Meistbegünstigung

In Ergänzung zur Nichtdiskriminierung verpflichten sich die Vertragsparteien, keinen Investor schlechter zu behandeln als Investoren aus einer anderen Vertragspartei oder Investoren aus einem Staat, der nicht Vertragspartei ist. Diese beiden Grundsätze werden dann noch so miteinander verbunden, daß sich die Vertragsparteien verpflichten, im konkreten Fall dem ausländischen Direktinvestor die sich aus den Grundsätzen der Meistbegünstigung und Nichtdiskriminierung ergebende bessere Behandlung einzuräumen. Dies entspricht jedenfalls im Hinblick auf die Meistbegünstigungsklausel bereits der bestehenden Rechtslage nach dem **GATT** (General Agreement on Tariffs and Trade) bzw. den **WTO-Regeln** (World Trade Organization).

d) Freiheit von Auflagen

In diesem Artikel findet sich unter der Überschrift Tätigkeitsauflagen eine Liste von Bedingungen, die einem ausländischen Direktinvestor vom Empfängerstaat nicht gestellt werden dürfen. Diese Liste führt zu einer **praktisch unbeschränkten Geschäftspolitik des Investors**.

So ist es ausschließlich Sache des Investors, in welchem Umfang er die mit der Direktinvestition produzierten Waren aus dem Empfängerstaat exportieren will. Er kann nicht verpflichtet werden, diese Waren ganz oder auch nur teilweise im Empfängerstaat anzubieten.

Er ist des weiteren frei, zu entscheiden, ob er Dienstleistungen oder Waren, die für seine Investition erforderlich sind, importiert oder diese Leistung im Empfängerland erwirbt.

Er ist weiter frei im Import oder Export von Devisen.

Der Empfängerstaat darf auch vom ausländischen Direktinvestor keinerlei inländische Beteiligung an der Investition verlangen oder ein bestimmtes Maß an Forschungs- und Entwicklungsinvestitionen im Empfängerstaat. Schließlich darf der Empfängerstaat auch nicht verlangen, daß der ausländische Investor Arbeitskräfte aus dem Empfängerstaat in Anspruch nimmt. Der Investor könnte daher ausschließlich mit Personal aus seinem Heimatstaat oder aus Drittstaaten arbeiten.

Immerhin ist es dem Empfängerstaat nicht verboten, einen Investor mit staatlichen Mitteln zu subventionieren und an die Zahlung dieser **Subventionen** Bedingungen zu knüpfen, die einen Investor z. B. verpflichten, ein Gemeinschaftsunternehmen mit inländischer Beteiligung des Heimatstaates zu gründen oder einen bestimmten Anteil an Beschäftigten aus dem Empfängerstaat zu rekrutieren. Schließlich kann eine Subventionierung der Investition durch den Empfängerstaat auch mit Bedingungen für Forschungs- und Entwicklungsinvestitionen verbunden werden.

Im Ergebnis führen diese Regelungen, verbunden mit der Meistbegünstigungsklausel und der Nichtdiskriminierungsklausel, dazu, daß ein Investor, solange er keine Subventionen des Empfängerstaates in Anspruch nimmt, praktisch wirtschaftlich uneingeschränkt agieren kann.

Er hat ausschließlich die Gesetze des Empfängerstaates einzuhalten, die auch für inländische Investoren gelten, soweit sie den Regelungen des MAI nicht widersprechen. Es kann sich sogar eine Privilegierung ausländischer Investitionen gegenüber inländischen Investitionen ergeben.

IV. Schutz von Kapitalanlagen

In diesem Abschnitt verpflichten sich die Staaten, Auslandsinvestitionen »gerecht und billig« zu behandeln und ihnen Schutz und Sicherheit zu gewährleisten. Sie verpflichten sich weiter, diskriminierende Maßnahmen zu unterlassen, die den Betrieb, die Verwaltung, die Erhaltung, den Gebrauch, die Nutzung oder die Verfügung über Auslandsinvestitionen beeinträchtigen.

Auf dieser Grundlage wird ausdrücklich eine **Enteignung** oder **Verstaatlichung** sowohl direkt als auch indirekt grundsätzlich untersagt.

Ausnahmsweise ist eine Enteignung zu einem Zweck, der im öffentlichen Interesse liegt, zulässig. In diesem Fall jedoch ist eine **Entschädigung** in Höhe des tatsächlichen Marktwertes der Investition (vor der Enteignung bzw. Verstaatlichung) unverzüglich zu bezahlen. Der Investor darf nicht gehindert werden, den Entschädigungsbetrag frei zu transferieren.

Auch für den Fall einer Beschädigung oder Beeinträchtigung der Investition durch **Krieg**, **Notstand** oder **Bürgerkrieg** hat der betroffene Empfängerstaat den Investor unter Berücksichtigung der vorstehend schon erläuterten Meistbegünstigung und Nichtdiskriminierung zu entschädigen. Schließlich wird eine Investition auch noch dadurch geschützt, daß der gesamte Zahlungsverkehr des Investors, der mit der Investition im Zusammenhang steht, frei sein muß. Dies bedeutet, daß der Investor ungehindert sämtliche ihm notwendig erscheinende internationalen Zahlungsvorgänge in einer frei konvertierbaren Währung vornehmen darf. Bei einer Behinderung könnte darin eine indirekte Enteignung gesehen werden.

Eine Grenze findet diese **Transferfreiheit** des Investors ausschließlich an den Regelungen des GATT 1994. Eine Beschränkung dieses freien Zahlungsverkehrs durch den Empfängerstaat ist praktisch nur möglich zum Schutz der Rechte von Gläubigern. Weiterhin wird zum Schutz von Investitionen die **Freiheit der Datenverarbeitung** und **grenzüberschreitenden Informationsübermittlung** gewährleistet.

Schließlich ist beabsichtigt, diesen Abschnitt des Abkommens für die Zukunft auch auf bereits bestehende Investitionen anzuwenden.

Die Regelungen des Abschnittes III bezogen sich im wesentlichen auf die Errichtung und den Betrieb von Investitionen bzw. deren Produkte. Der Abschnitt IV ergänzt dies nun um den Schutz der Investition selbst, also im Normalfall der Betriebsstätte.

V. Streitbeilegung

Dieser Abschnitt dient in seinem ersten Teil der **Konfliktvermeidung** und in seinem zweiten und dritten Teil der **Beilegung von Streitigkeiten** zwischen Vertragsparteien hinsichtlich der Auslegung oder Anwendung des Abkommens.

Hierzu sind zwischenstaatliche und multilaterale Konsultationen, Vermittlungs- und Schlichtungsverfahren vorgesehen. Sollten diese scheitern, wird ein **Schiedsverfahren** vor einem ad hoc zu ernennenden unabhängigen und unparteiischen **internationalen Schiedsgericht** durchgeführt.

Das Schiedsgericht fällt seine Entscheidungen bezüglich Streitigkeiten gemäß diesem Abkommen, das im Einklang mit den anwendbaren Regeln des Völkerrechts ausgelegt und angewendet wird. Dieses Schiedsverfahren zwischen den Vertragsparteien weist keine Besonderheit auf.

Anders verhält es sich mit dem Verfahren zwischen einem Investor und einem Vertragsstaat (Ziff. V D). Dieser Artikel gilt für

Streitigkeiten zwischen einer Vertragspartei und einem Investor einer anderen Vertragspartei hinsichtlich einer angeblichen Nichterfüllung einer Verpflichtung gemäß diesem Abkommen seitens der Erstgenannten, durch die dem Investor oder seiner Kapitalanlage ein Verlust oder Schaden entsteht.

Diese verklausulierte Regelung der Ziff. D I a bedeutet, daß ein Investor den Empfängerstaat der Investition vor einem internationalen Schiedsgericht auf der Basis der Gleichheit verklagen kann. Die umgekehrte Klage, nämlich des Empfängerstaates gegen den Investor, ist nicht vorgesehen.

Unter Ziff. D 3 wird darüber hinaus die obligatorische Unterwerfung der Vertragsstaaten unter diese Schiedsvereinbarung vorgesehen. Diese Klagebefugnis des Investors gegen den Staat stellt eine außerordentliche Privilegierung gegenüber dem bisher geltenden Recht dar und kann in ihrer Bedeutung kaum überschätzt werden.

VI. Ausnahmen und Schutzklauseln

In diesem Abschnitt regelt das Abkommen die Zulässigkeit von staatlichen Maßnahmen im Falle des Ausnahmeszustandes sowie im Bereich der Nichtverbreitung von Massenvernichtungswaffen und der Waffenproduktion.

Gleichzeitig jedoch nimmt Ziff. 1 des Abschnittes VI die Regelungen über Enteignung und Entschädigung im Sinne einer Rückausnahme von dem Geltungsbereich der Ziff. VI aus. Damit bleibt die Entschädigungspflicht auch für Ausnahmezustände, die zu einer Enteignung führen, aufrechterhalten. Hinzu kommt jedoch, daß dies auch für Investitionen gilt, die auf das Verbreiten von Massenvernichtungswaffen bzw. auf die Herstellung von Waffen zielen. Diese Regelung ist ersichtlich besorgniserregend und dürfte von den Vertragsparteien wohl nicht in dieser Breite beabsichtigt sein.

VII. Finanzdienstleistungen

Dieser Abschnitt ergänzt den Schutz der Investitionen um die Verpflichtung der Staaten, die **Freiheit von Finanzdienstleistungen** zu gewährleisten. Zu den Finanzdienstleistungen gehören alle Versicherungs- und versicherungsbezogenen Dienstleistungen, alle Bank- und Finanzdienstleistungen. Entsprechend dem Ziel des Abkommens sollen sämtliche **Finanzgeschäfte im weitesten Sinn** von dem Abkommen erfaßt werden.

Dies beginnt bei der Lebensversicherung für Mitarbeiter über Darlehen aller Art, Zahlungs- und Überweisungsdienstleistungen, Bürgschaften, Termin- und Optionsgeschäfte, Zinsterminkontrakte, Wertpapiere bis hin zu Rentenfondsverwaltungen, Treuhand- und Depotverwaltungsdiensten.

Damit werden durch das Abkommen auch reine Beteiligungs- bzw. Finanzinvestitionen und Bankgeschäfte im weitesten Sinn geschützt. Ergänzend wird auch hier die Freiheit der Datenverarbeitung und des grenzüberschreitenden Informationstransfers gewährleistet.

Die Staaten behalten sich allerdings das Aufsichtsrecht über Finanzdienstleistungsinvestitionen vor und statuieren eine Genehmigungspflicht für Investitionen in ein Finanzdienstleistungsunternehmen.

VIII. Besteuerung

Unter Steuern versteht das Abkommen direkte und indirekte Steuern sowie **Sozialversicherungsbeiträge**. Gemäß Ziff. 1 des Abschnittes VIII gelten die Bestimmungen des Abkommens grundsätzlich nicht für steuerliche Maßnahmen. Dies bedeutet, daß die Staaten grundsätzlich ihre Steuergesetzgebung weiterhin souverän gestalten können.

Unter **steuerlichen Maßnahmen** versteht das Abkommen sämtliche mit der Besteuerung im Zusammenhang stehenden Vorschriften des Rechtswesens einer Vertragspartei einschließlich verwaltungsrechtlicher Verfahren, die mit Steuern im Zusammenhang stehen.

Auch diese Regelung ist umfassend und beinhaltet steuerliche Maßnahmen auf allen Ebenen eines Staates, also unter Einschluß eventueller kommunaler Steuern. Auf diese zentrale Kompetenz jedes Staates soll das Abkommen also keinen Einfluß haben. Es wird jedoch eine unauffällige, gleichwohl entscheidende Einschränkung vorgenommen.

Ziff. 2 des Abschnittes VIII erklärt die Regelung über Enteignungen als auf steuerliche Maßnahmen anwendbar. Es ist somit zulässig, die nationale Steuergesetzgebung, soweit sie dem Investor Zahlungsverpflichtungen (einschließlich Sozialversicherungsbeiträgen) auferlegt, darauf zu überprüfen, ob es sich hierbei um eine (indirekte) Enteignung handelt. Gemäß Ziff. 4 des Abschnittes VIII werden die Regelungen der Ziff. V C, also das Schiedsverfahren zwischen Vertragsparteien, und sogar V D, also das Streitverfahren zwischen einem Investor und einem Staat, für zulässig erklärt.

Ein Investor könnte daher nach dieser Regelung den Empfängerstaat vor einem internationalen Schiedsgericht auf Zahlung einer Enteignungsentschädigung in Anspruch nehmen, mit der Begründung, eine bestimmte vom Empfängerstaat auferlegte Steuer habe die Wirkung einer (indirekten) Enteignung oder auch die Gesamtsteuerbelastung erfülle den Tatbestand der (indirekten) Enteignung.

IX. Spezifische Ausnahmen durch Einzelstaaten

Dieser Abschnitt gestattet es den Mitgliedsstaaten, Listen einzureichen mit bestehenden Regelungen, die der Vertragsstaat trotz Verstoßes gegen die Nichtdiskriminierungsklausel oder die Meistbegünstigungsklausel oder möglicherweise auch eine andere Vorschrift des Abkommens aufrechtzuerhalten wünscht. Diese Regelungen sind zwischen den Vertragsparteien noch im hohen Maße umstritten.

Je nachdem, wieweit diese Vorbehaltsklausel schließlich formuliert wird, besteht für die Staaten die Möglichkeit, auf diese Weise nationale Vorbehalte zu formulieren, die insgesamt oder für Investitionen in einem bestimmten Bereich die nationalen Umwelt- und Sozialstandards verbindlich festschreiben. Damit wäre die Ausländerprivilegierung gegenüber dem inländischen Investor beseitigt, und der Empfängerstaat hätte die Möglichkeit, die Anerkennung seiner nationalen Gesetzgebung auf diesem Gebiet zur Bedingung der Investition zu machen, mit der Folge, daß der Investor nicht die Möglichkeit hätte, dies als (indirekte) Enteignung zu rügen.

Es erscheint jedoch in hohem Maße fraglich, ob dies der geeignete Weg ist, um Sozial- und Umweltdumping zu vermeiden, da auf diese Weise eine Vielzahl nationaler Sonderregelungen entstehen würde, die dem Interesse an Rechtsklarheit und Rechtssicherheit, nicht zuletzt für den Investor, zuwiderlaufen würde.

Die Lektüre der bereits eingereichten Listen, insbesondere der kanadischen Liste, bestätigt diese Sorge.

X. Verhältnis zu anderen internationalen Übereinkommen

Unter dieser Überschrift wird der Vorrang der Verpflichtung einer Vertragspartei als Mitglied des Internationalen Währungsfonds (**IWF**) statuiert. Des weiteren werden die OECD-Leitsätze für Multinationale Unternehmen als Anhang in die Geltung des Abkommens aufgenommen, ohne diese jedoch auf den Verbindlichkeitsgrad des Abkommens, also auf die Ebene des multilateralen Vertrages, anzuheben. Es verbleibt hinsichtlich der OECD-Leitsätze vielmehr, wie schon in den allgemeinen Bestimmungen aufgeführt, bei ihrem nichtbindenden und ausschließlich freiwilligen Charakter.

D. Defizite des Abkommens

Aus der vorstehenden Darstellung des Inhaltes ergibt sich, daß dieses Abkommen sich durch eine massive Privilegierung ausländischer Investoren auszeichnet und nahezu ausschließlich der Liberalisierung ausländischer Direktinvestitionen dient. Demgegenüber wird die Entwicklung der Sozial- und Umweltpolitik in allen Staaten und allen legislativen sowie administrativen Ebenen von der lokalen Gesetzgebung bis hin zu internationalen Vereinbarungen auf diesem Gebiet mindestens nachhaltig behindert. Die erheblichen Unterschiede der nationalen Standards werden tendenziell aufrechterhalten. Dies steht im Widerspruch zu der Vorgabe in der Präambel des Abkommens, wonach die Parteien den Wunsch äußern, das MAI in einer Art und Weise durchzuführen, die mit dem Grundsatz einer nachhaltigen Entwicklung gemäß der Erklärung der Konferenz der Vereinten Nationen für Umwelt und Entwicklung, Rio de Janeiro 1992 und Agenda 21 (einschließlich Schutz und Erhaltung der Umwelt sowie Beibehaltung des Verursacherprinzips und des Vorsorgeprinzips), vereinbar ist. Ohne Priorisierung dieses Zieles der nachhaltigen Entwicklung führt die Anwendung des MAI nur kurzfristig zu einer Steigerung der Profitraten internationaler Investoren. Mittelfristig steht zu befürchten, daß durch Sozialdumping und Umweltdumping Schäden in der Umwelt entstehen, verbunden mit sozialen Problemen, die die Umsetzung des Abkommens insgesamt in Frage stellen und damit auch den privilegierten internationalen Investoren ausschließlich Nachteile bringen.

Ein solches Verständnis von Globalisierung wirtschaftlicher Aktivitäten wäre ein Rückfall in die Zeit frühkapitalistischer Strukturen unter tendenzieller Aufgabe der inzwischen erreichten Fortschritte im Bereich der Umwelt- und Sozialpolitik. Neu an dieser Situation wäre ausschließlich eine nachhaltige Schwächung der Regelungskompetenz von politischen Einheiten und damit der Aushöhlung demokratischer Herrschaft, die von den Betroffenen zweifelsfrei nur bis zu einer bestimmten Grenze hingenommen werden wird. Konsequenz wäre ein gerade von den internationalen Akteuren nicht erwünschtes Roll-back im nationalstaatlichen Partikularismus.

Richtig verstanden jedoch könnte das MAI die Globalisierung strukturierend begleiten und gleichzeitig auf globaler Ebene Sozial- und Umweltstandards stabilisieren und schrittweise stärken.

Um dieses Ziel zu erreichen, sind Ergänzungen des Abkommens in zweierlei Hinsicht unabdingbar. Zum einen sind soziale Schutzklauseln zu etablieren und zum anderen Umweltschutzklauseln. Das Abkommen enthält bisher nur eine Reihe von Alternativvorschlägen in Abschnitt III, die mehr oder weniger empfehlenden Charakter haben und offenkundig werden lassen, daß sich die Vertragsparteien in diesem Bereich noch keineswegs geeinigt haben. Sämtliche vorliegenden Alternativvorschläge sind jedoch nicht geeignet, den **Vorrang von Umwelt- und Sozialstandards** zu gewährleisten.

Hierzu müßten vielmehr Regelungen für das jeweilige nationale Recht und das internationale Recht eingeführt werden.

1. Nationales Recht

Effektiv wäre nur eine in Abschnitt VI (Ausnahmen und Schutzklauseln) aufzunehmende Regelung, dergestalt, daß sich die Vertragsstaaten verpflichten, ihre bei Inkrafttreten der Vereinbarung bestehenden nationalen Gesetze zum **Schutz der Gesundheit und der Umwelt** weder zugunsten nationaler noch zugunsten ausländischer Investoren zu unterschreiten.

Zu Vermeidung von **Sozialdumping** ist an gleicher Stelle eine Regelung einzuführen, nach der sich die Vertragsstaaten verpflichten, ihre bei Inkrafttreten des Abkommens bestehenden arbeitsrechtlichen Standards weder für inländische noch für ausländische Investoren zu unterschreiten.

Ergänzend hierzu ist eine Regelung aufzunehmen, wonach sich die Vertragsstaaten verpflichten, bei künftigen gesetzlichen Regelungen, gleich welcher Art (unter Einschluß steuerlicher Maßnahmen), das nationalstaatlich bestehende **Schutzniveau** sowohl in umweltrechtlicher als auch in sozialrechtlicher Hinsicht anzuheben. Diese Vorschriften sind zu ergänzen um eine Regelung, wonach sämtliche diesem Ziel dienenden (gesetzlichen) Maßnahmen (unter Einschluß der steuerlichen Maßnahmen) nicht als direkte oder indirekte Enteignung gelten.

2. Internationales Recht

Auf internationaler Ebene sind diese Regelungen durch eine Vereinbarung der Vertragsstaaten zu ergänzen, wonach sie sich verpflichten, verbindliche soziale und Umweltstandards zu etablieren und diese kontinuierlich fortzuentwickeln, um die zwischen den Staaten noch bestehenden Unterschiede nachhaltig zu verkleinern. Alternativ hierzu wäre es auch möglich, die vorhandenen Umweltstandards im Sinne einer **Schutzklausel** ausdrücklich im Abkommen in Bezug zu nehmen hinsichtlich eines zu vereinbarenden Mindeststandards auf die Verbindlichkeitsebene des Abkommens, also des völkerrechtlichen Vertrages, anzuheben und ihren Vorrang de lege ferenda und de lege lata zu statuieren, mit der Folge, daß diese Mindeststandards auch dann einzuhalten sind, wenn sie etwa vom Empfängerstaat nicht gefordert werden. Gleiches hat für Mindeststandards an Arbeitnehmerrechten und Gesundheitsschutzrechten zu gelten.

Weiterhin ist nicht einzusehen, weshalb zwar der Investor berechtigt sein soll, den Empfängerstaat auf Schadensersatz in Anspruch zu nehmen, nicht jedoch der umgekehrte Weg eröffnet wird.

Im Falle einer Verletzung umwelt-, gesundheits- oder sozialrechtlicher Vorschriften ist dem Empfängerstaat eine **Klagebefugnis gegen den Investor** einzuräumen, da ihm das innerstaatliche

Recht keinen ausreichenden Rechtsschutz gegen den ausländischen Investor gewährt.

Schließlich ist zur Sanktionierung der erforderlichen Minimalstandards an Umwelt-, Gesundheits- und Sozialschutz die vertragliche Regelung einer Schadensersatzhaftung des Investors unabdingbar. Diese ist als **Gefährdungshaftung** auszugestalten und für den Schadensfall um eine **Auskunftspflicht** auch für Betriebsgeheimnisse, soweit sie schadensrelevant sind, zu ergänzen.

Ergänzend ist bei Nichteinhaltung der vertraglich vorzusehenden Minimalstandards an Umwelt-, Gesundheits- und Sozialschutz eine Klagemöglichkeit nicht nur des Empfängerstaates gegen den Investor, sondern auch des Heimatstaates im Abkommen vorzusehen.

Ziel muß es sein, den vorhandenen internationalen Umwelt- und Sozialstandards, die bisher nur den Rang von soft law, also von Empfehlungen, haben, mindestens teilweise in den Rang vertraglicher Regelungen zu erheben, um hierdurch verbindlich und von vornherein absehbar, den Handlungsspielraum ausländischer Investoren international einheitlich, zu begrenzen.

3. Primat der Politik

Auf diese Weise könnte das MAI zu einem wirkungsvollen völkerrechtlichen Instrument werden, das einerseits internationalen Investoren die von ihnen berechtigterweise erwartete Rechtssicherheit bietet, andererseits aber auch dem international angestrebten **Ziel nachhaltiger Entwicklung** bei der Nutzung natürlicher und menschlicher Ressourcen Rechnung trägt.

Insbesondere jedoch würde eine solche ausgewogene Regelung für die sich ausweitende und durchaus erwünschte Investitionstätigkeit im Zuge der **Globalisierung** den politischen Einheiten ihre Regelungskompetenz für das jeweils von ihnen beherrschte Staatsgebiet und die es bildenden Bürger zurückgegeben bzw. auf höherer Ebene erhalten.

Das durch das MAI in seiner gegenwärtigen Form drohende **Demokratiedefizit** würde abgewendet und die Gesetzgeber sowohl auf Länderebene als auch insbesondere auf kommunaler Ebene müßten nicht besorgt sein, wegen der Durchsetzung umwelt-, gesundheits- oder sozialrelevanter Standards von einem wirtschaftlich übermächtigen Investor wegen (indirekter) Enteignung auf Schadensersatz in Anspruch genommen zu werden.

Diese **Erhaltung der politischen Regelungsautonomie** der politischen Einheiten, insbesondere auch im Steuerbereich, würde nicht nur den Bürgern und der Umwelt zugute kommen, sondern auch den Investoren, da durch die Gewährleistung globaler Mindeststandards **Wettbewerbsverzerrungen** begrenzt würden, mit einer integrierten Tendenz zur weiteren Verringerung.

Dies wiederum käme insbesondere den Bürgern und der Umwelt in Entwicklungsländern und Schwellenländern zugute, da die Minimalstandards von den potenteren Heimatstaaten der Investoren gewährleistet werden könnten.

Die größte Gefahr besteht gegenwärtig darin, daß das Abkommen mit dem jetzt vorliegenden Inhalt abgeschlossen wird und man die noch streitigen Regelungen einer späteren Vereinbarung oder einer neuen Vereinbarung vorbehält.

In diesem Fall würden ausschließlich die Vorschriften in Kraft gesetzt, die einer Stärkung der Rechtsposition ausländischer Investoren dienen und die Umsetzung der zusätzlich angestrebten Regelungen zur Gewährleistung einer nachhaltigen Entwicklung langfristig be-, wenn nicht verhindert.

Da jedoch völkerrechtliche Verträge der Ratifizierung durch die nationalen Parlamente bedürfen, ist damit zu rechnen, daß in diesem Fall eine ganze Reihe von Vertragsstaaten das Abkommen nicht in Kraft setzen würden.

Dies gilt insbesondere für Mitgliedsstaaten der EU.

Hier ergibt sich ein weiteres erhebliches Demokratiedefizit. Die EU ist neben ihren Mitgliedstaaten Vertragspartei des Abkommens. Das Abkommen betrifft eine Frage gemeinsamer Handelspolitik. Gemäß Art. 113 EGV ist der Rat zuständig für die gemeinsame Handelspolitik der EU. Zur Durchführung kann er die Kommission zur Führung von Verhandlungen mit anderen Staaten zum Abschluß von entsprechenden Vereinbarungen ermächtigen. Diese so ausgehandelten Vereinbarungen werden dann mit Art. 113 Abs. 3 EGV in Verbindung mit Art. 228 Abs. 3 EGV vom Rat geschlossen. Dies bedeutet, daß der Rat als Gesetzgeber der EU die Ratifizierung durchführt, ohne daß das Europäische Parlament ein Mitspracherecht hätte.

Gemäß Art. 23 Abs. 2 Satz 2 GG (Grundgesetz) hat die Bundesregierung in Angelegenheiten der Europäischen Union, und um eine solche würde es sich bei der Ratifizierung des Abkommens handeln, den Bundestag und den Bundesrat umfassend und zum frühestmöglichen Zeitpunkt zu unterrichten.

Gemäß Art. 23 Abs. 3 Satz 2 GG hat die Bundesregierung die Stellungnahme des Bundestages bei den Verhandlungen zu berücksichtigen. Auch wenn nun im Extremfall der Bundestag die Ratifizierung des Abkommens für Deutschland als Mitglied der OECD ablehnen würde und darüber hinaus die Bundesregierung vom Bundestag verpflichtet würde, die Ratifizierung des Abkommens im Rat der EU zu verweigern, so wäre damit nicht gewährleistet, daß das Abkommen nicht ratifiziert wird, da gemäß Art. 113 Abs. 4 EGV im Falle von Handelsabkommen der Rat mit qualifizierter Mehrheit beschließt.

Mit Ratifizierung würde das Abkommen für die EU verbindlich, und diese könnte das MAI aufgrund ihrer Rechtssetzungskompetenz mittels einer Verordnung oder Richtlinie für sämtliche Mitgliedsstaaten verbindlich machen. Damit ergäbe sich die Situation, daß ein völkerrechtlicher Vertrag für einen Staat verbindlich würde, dessen Gesetzgeber den Abschluß des Vertrages ablehnt.

Dies wird ausdrücklich klargestellt durch Art. 228 Abs. 7 EGV, der die nach Maßgabe dieses Artikels geschlossenen Abkommen für die Organe der Gemeinschaft und für die Mitgliedsstaaten für verbindlich erklärt.

Insbesondere bei Handelsabkommen gemäß Art. 113 EGV, aber nicht nur dort, offenbart sich damit innerhalb der Europäischen Union ein Demokratiedefizit, das den nationalen Parlamenten wesentliche Kompetenzen ihrer Souveränität und Regelungsbefugnis, insbesondere im wichtigen internationalen Verkehr mit anderen Staaten, erheblich einschränkt, wenn nicht sogar entzieht.

Wesentliche Mitwirkungsrechte kommen nur noch den nationalen Regierungen als Mitglieder des Rates der EU zu. Damit wird die Gewaltenteilung bis zur Unkenntlichkeit verzerrt.

Allerdings enthält der Vertrag zur Gründung der Europäischen Gemeinschaft (EGV) eine weitere Vorschrift, die es dem Rat der EU bei strenger Auslegung verbietet, das Abkommen in seiner jetzigen Form zu beschließen und damit zu ratifizieren (dies ändert allerdings nichts an dem vorbeschriebenen strukturellen Demokratiedefizit).

Gemäß Art. 130 r Abs. 2 Satz 3 EGV müssen bei der Festlegung und Durchführung anderer Gemeinschaftspolitiken die Erfordernisse des **Umweltschutzes** einbezogen werden.

Dabei ist »Einbeziehung« ein dehnbarer Begriff, der auch minimalistisch verstanden werden könnte.

Jedoch schreibt Art. 130 r Abs. 2 Satz 1 und 2 EGV weiter vor, daß die Umweltpolitik der Gemeinschaft auf ein **hohes Schutzniveau** abzielt und auf den Grundsätzen der **Vorsorge** und **Vorbeugung** dem **Verursacherprinzip** sowie dem Grundsatz, daß Umweltbeeinträchtigungen mit Vorrang an ihrem Ursprung zu bekämpfen sind, beruht.

Insbesondere das geforderte hohe Schutzniveau sollte die Ratifizierung des MAI in der vorliegenden Form verhindern. Hinzu kommt, daß gemäß Art. 130 n EGV die EU verpflichtet ist, die **nachhaltige wirtschaftliche und soziale Entwicklung** der Entwicklungsländer, insbesondere der am meisten benachteiligten Entwicklungsländer, zu fördern.

Gemäß Art. 130 v EGV hat die Gemeinschaft dieses Ziel bei allen von ihr verfolgten Politiken, welche die Mitgliedsländer berühren können, zu berücksichtigen. Auch diese Regelung steht einer Ratifizierung des MAI in seiner jetzigen Form durch den Rat der EU entgegen.

Falls es jedoch trotzdem zu dem vorbeschriebenen Konflikt kommen würde, hätte der betroffene Mitgliedsstaat nur noch die Wahl, gemäß Art. 228 Abs. 6 EGV ein Gutachten des EUGH (Gerichtshof der EU) über die Vereinbarkeit des geplanten Abkommens mit dem EGV einzuholen. Sollte dieses Gutachten die Unvereinbarkeit eine Vertrages mit dem primären EU-Recht feststellen, so könnte dieses Abkommen nur noch in dem Verfahren des Artikels N des Vertrages über die Europäische Union (**Maastricht-Vertrag**) in Kraft gesetzt werden. Artikel N Abs. 1 Satz 3 sieht vor, daß ein auf diese Weise beanstandetes Abkommen nur dann noch in Kraft treten könnte, wenn es von allen Mitgliedsstaaten gemäß ihren verfassungsrechtlichen Vorschriften ratifiziert wird. Nur auf diesem äußerst umständlichen Weg könnte das institutionalisierte Demokratiedefizit der nationalstaatlichen Parlamente innerhalb der EU für einen konkreten internationalen Vertrag aufgehoben werden. Es ist jedoch damit zu rechnen, daß sich die EU als Vertragspartner nachhaltig für eine Aufnahme von Umwelt- und Sozialschutzklauseln in das MAI einsetzen wird, da sein bisheriger Inhalt mit Art. 130 r EGV und mit Art. 130 u EGV unvereinbar ist und der Abschluß als reines Handelsabkommen eine Umgehung dieser Vorschriften darstellen würde.

Das MAI eröffnet die historische Chance, die als **Globalisierung** bezeichnete wachsende internationale wirtschaftliche Verflechtung **legislativ zu steuern** und damit den politischen Vorrang vor der wirtschaftlichen Macht internationaler Investoren zu erhalten.

Bei einer ausgewogenen Regelung unter Einbeziehung einer Schutzklausel zur Gewährleistung ökologischer und sozialer Standards könnten die Nationalstaaten ihre **territoriale Souveränität** und **Integrität** sowie ihre **Personalhoheit** gegenüber den Bürgern erhalten. Andernfalls droht ihnen eine schleichende Aushöhlung ihrer Souveränität, die sie zu Subsystemen der Weltwirtschaft und ihrer Akteure degradiert.

Sigrid Skarpelis-Sperk

Ein neues Grundgesetz einer einheitlichen globalen Wirtschaft?

Kein internationaler Wirtschaftsvertrag wurde je so unterschiedlich bewertet wie der derzeit bei der OECD verhandelte Entwurf des Multilateralen Abkommens über Investitionen (MAI).

Für die Befürworter multilateraler weltweit bindender Wirtschaftsverträge und zunehmender globaler Verflechtung von Handel und Investitionen wie Renato Ruggiero, den Generalsekretär der Welthandelsorganisation (WTO), ist das MAI das künftige »Grundgesetz einer globalen Wirtschaft«, für das deutsche Bundeswirtschaftsministerium zunächst nur eine »Kodifizierung und Zusammenfassung bestehender und bewährter Instrumente der OECD und einer Vielzahl bilateraler Investitionsschutzverträge zu einem einheitlichen Abkommen«, später ein erster Schritt zu einem weltweiten »GATT für Investitionen«.

Für seine Kritiker ist der Vertragsentwurf »eine Deklaration weltweiter Konzernherrschaft« (Tony Clarke), das neue »internationale kapitalistische Manifest« (Rainer Zugehör), »die dritte Säule weltwirtschaftlicher (De)-Regulierung« (Jens Martens), ein »Eingriff in die Kernbestände deutscher Souveränität« (SPD-Bundestagsfraktion), ein »Vampir, der ans Licht gezogen werden muß, um seine Gefährlichkeit zu verlieren« (Lori Wallach) oder schlicht der »Feind«, wie Jacques Lang, der ehemalige französische Kultusminister es in einem Wortspiel formulierte[1].

Auch die Wirtschaftspresse reagierte gespalten: Für die meisten deutschen Wirtschaftsjournalisten war die Kritik übertriebene Schwarzmalerei oder sogar »Hysterie«, das US-Wirtschaftsmaga-

[1] »L'AMI (= MAI) c'est l'ennemi«; Jack Lang in einem Manifest für einen französischen Schriftsteller- und Kulturkongreß.

zin ›Business Week‹ hingegen charakterisierte das Multilaterale Abkommen über Investitionen als jenen »explosiven Handelsdeal, von dem Sie noch nie gehört haben«[2]. Auch für die breite deutsche Öffentlichkeit und den größten Teil der Politik in Deutschland ist letzteres eine durchaus zutreffende Beschreibung der Lage: Nur wenige Handelsspezialisten im Bundeswirtschaftsministerium, in Wirtschaftsverbänden und Konzernstäben, in Gewerkschaften und Umweltverbänden sowie eine Handvoll einschlägig befaßter Bundestags- und Europaabgeordneter, Wirtschaftsjournalisten und Professoren haben sich damit wirklich auseinandergesetzt. Schließlich liegt der Vertragstext des MAI in deutscher Sprache dem Deutschen Bundestag als Ausschußdrucksache erst seit dem 10. Juni 1998 vor.

Für den größten Teil der politisch Entscheidenden ist das MAI ein unbekanntes Land, das es noch zu erkunden gilt. Sie stehen eher ratlos vor der riesigen Spannweite der Bewertungen von der Kodifizierung und Zusammenfassung bestehender und bewährter Instrumente bis zur Deklaration weltweiter Konzernherrschaft.

Für eine rationale und offene Diskussion des vorliegenden Entwurfs ist es deswegen hilfreich: erstens den Gründen für diese Bewertungsdifferenzen nachzugehen und zweitens den vollständigen Vertragstext mit den relevanten Anhängen in deutscher Sprache den politisch Entscheidenden, der interessierten Öffentlichkeit, der Wissenschaft und den Experten zugänglich zu machen, um eine möglichst unbefangene und breite Information zu gewährleisten und so die Voraussetzung für eine umfassende, kritische Diskussion des Vertragsinhaltes und seiner Konsequenzen für Wirtschaft, Gesellschaft und Politik in Deutschland zu schaffen.

Wesentliche Gründe für die gespaltene Aufnahme des MAI in Politik, Wirtschaft und Öffentlichkeit waren und sind:

- die wirtschaftlichen Voraussetzungen – die wachsende ökonomische Bedeutung von ausländischen Direktinvestitionen,

[2] Business Week, 9. Februar 1998, Washington Outlook

- das Vorgehen der verhandlungsführenden OECD einschließlich der Vorgeschichte des Vertragsentwurfs,
- die Informationspolitik der nationalen Regierungen,
- die Neuartigkeit und Komplexität des MAI-Entwurfs,
- die Auswirkungen auf die Souveränität der Nationen und ihre künftigen wirtschaftlichen, politischen und sozialen Gestaltungsmöglichkeiten,
- die Geltungsdauer und die Revisionsmöglichkeiten des Vertrags,
- die Verteilung der Rechte und Pflichten auf die unterschiedlichen Akteure,
- die Dominanz kommerzieller Ziele,
- die Kontroverse um das Verbot extraterritorialer Sanktionsmaßnahmen im MAI,
- der Ausschluß der Entwicklungsländer.

I. Die wirtschaftlichen Voraussetzungen – die wachsende ökonomische Bedeutung von ausländischen Direktinvestitionen

Es ist unbestritten, daß die **im Ausland** getätigten **Direktinvestitionen** ein wesentliches, ja entscheidendes Element des Globalisierungsprozesses der Wirtschaft sind:

Sie sind in den vergangenen 25 Jahren weltweit um das 25fache – von 14 Mrd. US $ auf 350 Mrd. US $ jährlich – gestiegen und haben damit das Wachstum des in der Öffentlichkeit weit mehr beachteten globalen Warenhandels deutlich übertroffen. Dieser hat sich im selben Zeitraum immerhin um das 16fache vergrößert. Seit 1991 weisen die internationalen Investitionen eine jährliche Zuwachsrate von rund 19 % aus und der Umsatz der von ausländischen Tochtergesellschaften multinationaler Unternehmen erzeugten bzw. erbrachten Güter und Dienstleistungen überschreitet das gegenwärtige Niveau des Welthandels.[3]

[3] vgl. Reiner Geiger, Multilateraler Rahmen für Investitionen, Paris, OECD 10. 10. 97, S. 1 ff.

Hinter diesen Volumina verbergen sich gravierende Ungleichgewichte: 1996 spielten sich 72 % des Welthandels und 70 % der Investitionen im OECD-Raum ab – also unter 29 Nationen. Dreiviertel der verbleibenden Investitionen außerhalb des OECD-Bereichs flossen in nicht mehr als zehn Länder.[4]

Diese ausländischen Direktinvestitionen (ADI) werden heute als einer der zentralen Motoren der Wirtschaftsentwicklung für kleinere Länder angesehen. Sie gewährleisten nicht nur den Zufluß von neuen Finanzmitteln, Technologien und Know-how, sondern haben auch einen volkswirtschaftlichen Multiplikatoreffekt. Betrachtet man die Bilanz der ausländischen Direktinvestitionen innerhalb der OECD-Länder, so ist der Fluß der Direktinvestitionen in der Regel keine Einbahnstraße: Bundesdeutsche Firmen haben 195 Mrd. US$ im Ausland investiert. Die Angaben über den Wert der ausländischen Direktinvestitionen in Deutschland reichen, je nach statistischer Abgrenzung, von 36,9 bis 118,9 Mrd. US$.[5] Kanadische Firmen haben 170 Mrd. Dollar im Ausland investiert und beherbergen ca. 180 Mrd. Dollar auf ihrem Boden.[6]

Die USA sind der Welt größter Empfänger von ausländischen Investitionen: 85 Mrd. US$ oder knapp ein Viertel der ausländischen Direktinvestitionen der Welt (349 Mrd. US$) floß 1996 in die USA, d. h. mehr als doppelt soviel wie in das zweitgrößte Empfängerland, die Volksrepublik China mit 42 Mrd. US$. Die ausländischen Direktinvestitionen betrugen ca. 6 % der gesamten privaten Investitionen der USA. Der Gesamtwert der ausländischen Direktinvestitionen in den USA betrug bisher 630,1 Mrd. US $. Sie stammten zu 94 % aus den industrialisierten Ländern. Umgekehrt investierten US-Firmen insgesamt 805 Mrd. US$ im Ausland.

[4] vgl. Unctad World Investment Reports, 1994, 1995, 1996

[5] Kumuliert über die Periode 1984–95, Deutsche Bundesbank, Monatsbericht, August 1997; zur Höhe der ausländischen Direktinvestitionen vgl. A. Heise u. a.: Begutachtung des Wirtschaftsstandorts Deutschland – aus einer anderen Sicht, in: WSI-Mitteilungen 6/1998, Tabelle 7, S. 400

[6] vgl. Sergio Marchi, Minister of International Trade, Address to the Centre for Trade Policy and Law, 13. Februar 1998, Ottawa

73,5 % dieses Investitionsstocks wurden in industrialisierten Ländern investiert.[7]

Aber auch für Länder wie Frankreich ist der Zufluß von Investitionen von großem wirtschaftspolitischen Interesse, weil es im internationalen Vergleich an dritter Stelle aller Investitionsempfänger steht, die ausländischen Investitionen 30 % der Gesamtinvestitionen darstellen und ca. 25 % der Arbeitsplätze im industriellen Bereich repräsentieren.

Allerdings sind die ausländischen Direktinvestitionen auch Kitt für die ökonomische Kooperation der Industrienationen, weil jeder Staat nicht nur die Erhaltung und Entwicklung der Werte auf seinem eigenen Territorium in seine Entscheidung mit einbezieht. Auch das Wohlergehen anderer Wirtschaftsräume wird wichtig, beeinflußt es doch unmittelbar über den Wert der ausländischen Direktinvestitionen relevante Besitzstände der großen multinationalen Unternehmen mit Sitz im eigenen Land.

Auf der anderen Seite können Schwankungen im Zufluß der ausländischen Direktinvestitionen oder gar plötzliche größere Abflüsse erhebliche negative Effekte auf die betroffenen Volkswirtschaften bewirken. Die desaströsen Auswirkungen eines Abzuges bzw. eines plötzlich versiegenden Zuflusses auf Wirtschaft, Arbeitsmarkt und Währungen lassen sich derzeit bei einigen südostasiatischen Tigerstaaten und auch China, beobachten. Kein Wunder, daß sowohl der Zustrom wie der Abfluß ausländischer Direktinvestitionen Ängste und Besorgnisse auslösen: Die Verlagerung von Industrieunternehmen ins Ausland kostet häufig genug Arbeitsplätze und die Übernahme von wirtschaftlichen Schlüsselsektoren oder größeren Teilen der Wirtschaft durch Gesellschaften, deren Hauptquartiere und Entscheider im Ausland angesiedelt und damit der wirtschaftlichen und sozialen Kultur des Gastlandes und seinen Diskussions- und Konsensbildungsprozessen fernstehen, ruft erhebliche Widerstände hervor.

[7] vgl. United States Trade Representative (USTR), Fact Sheet, März 1998, Washington, S. 3

Umgekehrt ist es verständlich, daß ausländische Unternehmen Rechts- und Planungssicherheit für ihre meist erheblichen Investitionen wünschen. Die Geschichte der Enteignungen nach dem Ersten und Zweiten Weltkrieg, nach den Revolutionen in Rußland, China und Kuba sowie im Zuge der Entkolonialisierungsprozesse in Ost- und Südostasien, in Afrika und Lateinamerika zeigt, daß nicht nur ausbeuterisches und wirtschaftskriminelles Verhalten zur Enteignung ausländischen Kapitals führten, sondern Unternehmen in eine von ihnen nicht zu verantwortende Gesamthaftung für verbrecherisches oder falsches Verhalten ihrer nationalen Regierungen genommen wurden, im Konkurrenzkampf einem örtlichen Mitbewerber lästig waren oder, im Falle von zivilen Unruhen oder einer Revolution, schlicht zwischen die Fronten rivalisierender Gruppen gerieten.

Auch für die Gastländer selbst sind ausländische Direktinvestitionen von hohem Wert: Häufig genug stehen sie vor der Alternative, ob sie im Ausland erzeugte Waren importieren oder sie mit Hilfe von ausländischen Direktinvestitionen, Technologie und Know-how im Inland produzieren und so Arbeitsplätze und Entwicklung schaffen wollen.

II. Das Vorgehen der verhandlungsführenden OECD einschließlich der Vorgeschichte des Vertragsentwurfs

Aus dieser Sicht ist es kein Wunder, daß es mittlerweile ca. 1600 bilaterale Investitionsschutzabkommen weltweit gibt, über 120 hat allein die Bundesrepublik Deutschland abgeschlossen.

Sie bilden de facto ein **internationales Investitionsrecht**, dessen Unüberschaubarkeit, Differenziertheit, aber auch Widersprüchlichkeit sicher kein Anreiz für kleine und mittlere Unternehmen ist, in fremden Ländern außerhalb der Europäischen Union Tochterfirmen zu gründen oder Kooperationen mit einheimischen Firmen einzugehen.

Für die großen multinationalen Konzerne ist dies weniger ein gravierendes Problem denn ein Kostenfaktor. Sie können sich die Stabsstellen und kostspieligen internationalen Rechtsanwälte zwar leisten – aber die Verfahren sind zeitaufwendig und mühsam.

Da 487 der 500 größten Weltunternehmen in den OECD-Ländern beheimatet sind, ist es nachvollziehbar, daß aus diesem Raum immer wieder Druck zur Entwicklung eines internationalen Investitionsrechts kam.[8] Diese Vorstöße liefen in den 70er Jahren zuerst über den Abschluß von Hunderten von bilateralen Investitionsschutzabkommen, die Kapitalexportländer mit den Kapitalimportländern abschlossen. Dadurch wurde de facto ein internationales Gewohnheitsrecht im Bereich der ausländischen Investitionen etabliert, das die gemeinsamen Aktionen der Entwicklungsländer für die Errichtung einer neuen internationalen Wirtschaftsordnung unterlief. Die mittlerweile 1600 bilateralen Abkommen stellen in der Summe eine **Negation** der 1974 von der VI. bzw. VII. Sondersitzung der Generalversammlung der Vereinten Nationen durch Mehrheitsbeschluß angenommenen **UN-Charta der Wirtschaftlichen Rechte und Pflichten der Staaten** dar.[9]

Auf der Grundlage dieser bilateralen Verträge, deren einziger Zweck der Schutz der Kapitalinvestitionen, ihrer Erträge und deren potentieller Rückfluß zu den Kapitalgebern ist, begann eine langwierige Gegenbewegung im internationalen Recht, die sich in verschiedenen Etappen vollzog und noch vollzieht. Neben die bilateralen Verträge traten auf der multilateralen Ebene rechtlich **unverbindliche Leitsätze** als Ausgangsbasis und Bezugsrahmen. Im Bereich des Völkervertragsrechts ist eine Entwicklung erkennbar, bei der sich das Schwergewicht von regionalen und sektoralen Abkommen auf die Entwicklung multilateraler Regeln verlagert, die für Investitionen und Investitionsformen gelten.

Der erste Schritt für einen multilateralen Rahmen für Investitio-

[8] Zur Übersicht über die Entwicklung der internationalen Investitionsrechte siehe Reiner Geiger, Ein multilateraler Rahmen für Investitionen, a. a. O., S. 4 ff.

[9] Resolution Nr. 3281 (XXIX) vom 12. Dezember 1974, Generalversammlung der Vereinten Nationen

nen war die Konferenz über internationale wirtschaftliche Zusammenarbeit (KIWZ), die 1975–1977 tagte. Daran nahmen acht Industriestaaten und 19 Entwicklungsländer teil. Schwerpunkte waren Energie, Grundstoffe, Finanzen und Entwicklung. In der Endphase der Konferenz wurde eine Erklärung zu den Rahmenbedingungen für internationale Investitionen erarbeitet. Die Konferenz scheiterte. Die Erklärung wurde nie verabschiedet, gleichwohl ebnete sie den Weg für die Annahme der »Leitsätze für die Behandlung ausländischer Investitionen« durch einen gemeinsamen Ausschuß der Weltbank und des Internationalen Währungsfonds (IMF).

Diese Leitsätze haben einen breiten Geltungsbereich. Sie sehen u. a. Niederlassungsfreiheit, nicht diskriminierende Behandlung laufender und neuer Investitionen und eine unverzügliche und angemessene Entschädigung im Falle von Enteignungen vor, aber auch das Recht der Staaten, zur Wahrung ihres wirtschaftlichen Interesses Restriktionen einzuführen und beizubehalten.

Der Vorzug dieser Leitsätze bestand darin, daß sie allgemein akzeptiert waren. Aber sie haben keinen rechtsverbindlichen Charakter und lassen für die mulitinationalen Unternehmen nur einen geringen Handlungsspielraum bei der Vielzahl der nationalen Regierungen. Damit waren die multinationalen Unternehmen nicht zufrieden. Sie wünschten ein rechtlich bindendes, internationales Abkommen mit effektiven Streitschlichtungsverfahren, schon um jahrelangen Verfahren vor nationalen Gerichten aus dem Weg zu gehen. Die Gespräche über ein solches Abkommen starteten während der GATT-Uruguay-Runde Mitte der 80er Jahre.[10]

Als die Entwicklungsländer nicht zu weitestgehenden und schnellen Zugeständnissen bereit waren – erst im Dezember 1996

[10] Die Verhandlungen mündeten in die Gründung der Welthandelsorganisation (WTO), führten nur bei begrenzten Aspekten der Investitionen zu WTO-Regelungen: Zum Abkommen über handelsbezogene Investitionsmaßnahmen (TRIMS), dem Abkommen über handelsbezogene Schutzrechte geistigen Eigentums (TRIPS) mit seinen Regeln auf dem Gebiet geistigen Eigentums und dem allgemeinen Abkommen über Handel mit Dienstleistungen (GATS).

wurde auf der WTO-Tagung in Singapur eine Arbeitsgruppe »Handel und Investitionen« eingesetzt –, wichen die führenden OECD-Mitglieder auf die OECD-Ebene der 29 stärksten Industrienationen aus. Der Rat der OECD beschloß auf seiner Ministertagung im Mai 1995 die Aufnahme von Verhandlungen, welche den Abschluß eines Abkommens über Investitionen (MAI) zum Ziel haben sollten. Die Parlamente der wichtigsten OECD-Staaten wurden vorher weder unterrichtet noch konsultiert. Der Deutsche Bundestag bildete da keine Ausnahme.

Jahre vorher hatten auf Drängen des **United States Council for International Business**, in dem die großen Exportunternehmen und die Multinationalen Konzerne der USA organisiert sind, Verhandlungen zwischen den USA, Kanada und Mexiko über ein regionales Abkommen für Handel und Investitionen begonnen – dem am 1. 1. 1994 in Kraft getretenen **Nordamerikanischen Freihandelsabkommen** (NAFTA). NAFTA war nicht nur die Antwort der USA auf die Entwicklung der **Weltwirtschaftsregion Europa**, es war auch als internationales Wirtschaftsabkommen als Gegenmodell zur Europäischen Union konzipiert: Triebfeder des Vertrages waren eine möglichst weitgehende Marktöffnung und Liberalisierung. Artikel 11 dieses Abkommens sieht Regeln für die Liberalisierung mit dem Schutz ausländischer Investitionen sowie Vorkehrungen zur Streitbeilegung vor.

Einige darin enthaltene neue Elemente sind ersichtlich Vorlagen für das MAI:

- die erweiterte Definition von Investitionen,
- die Gleichbehandlung inländischer und ausländischer Investoren sowohl für neue wie für bereits getätigte Investitionen,
- das Verbot von handelsverzerrenden öffentlichen Leistungsauflagen für Unternehmen und
- die Einbeziehung von Monopolen und Staatsbetrieben, soweit ihnen Regulierungs- und Verwaltungsvollmachten übertragen wurden.

Aber, und das unterscheidet NAFTA von seinem weit darüber hinausgehenden Nachfolgeabkommen, dem MAI: mit Ausnahme der Finanzdienstleistungen enthält es keinerlei Verpflichtungen zum schrittweisen Abbau der bestehenden Restriktionen; es ist hinsichtlich weiterer Liberalisierungen statisch[11], d. h. es sieht keine künftigen Verpflichtungen oder Verhandlungen vor.

Diese Vorgeschichte läßt erahnen, warum Repräsentanten der Nicht-OECD-Länder die MAI-Verhandlungen im »Club der Reichen Männer« mit Argwohn verfolgen.

III. Die Informationspolitik der nationalen Regierungen

Die Informationspolitik der OECD und aller beteiligten Regierungen war auch nicht dazu angelegt, das Mißtrauen zu zerstreuen. Man traf sich alle sechs Wochen in strikt vertraulichen Runden – und das zwei Jahre lang. Die nationalen Regierungen – zum Beispiel die USA, Kanada und Deutschland – informierten regelmäßig ebenso strikt vertraulich in Arbeitskreisen bzw. -treffen die interessierte Wirtschaft und nur diese. Gewerkschaften, ja selbst die Bundesländer waren in dieser Zeit außen vor. Die Parlamente wurden offensichtlich bewußt nicht informiert, obwohl das MAI ohne Zweifel das weitreichendste, komplexeste und ehrgeizigste Wirtschaftsabkommen der internationalen Wirtschaftsgeschichte werden sollte.

Erst als Teile des Vertragswerkes in die Öffentlichkeit der USA und Kanadas durchsickerten, als es zu massiven Protesten von Bürgerbewegungen, Wissenschaftlern und Künstlern kam, als beide Häuser des US-Kongresses in ihren Unterausschüssen öffentliche und nicht-öffentliche Hearings abhielten, als die konservative amerikanische Western Governor's Association tätig wurde, als das kanadische Parlament seinen Unterausschuß für Handel, Han-

[11] vgl. Reiner Geiger, a.a.O.

delsstreitigkeiten und Investitionen mit der Abfassung eines Berichts beauftragte, als das Parlament Neuseelands seine Regierung wegen der Nicht-Unterrichtung angriff, begann – informiert über die internationalen Netzwerke der Umwelt- und Dritte-Welt-Bewegungen – auch die europäische Öffentlichkeit und Politik zu reagieren.

Das Europäische Parlament befaßte sich in seinem zuständigen Ausschuß mit dem MAI und beschloß am 11. März 1998 mit überwältigender Mehrheit umfangreiche Änderungsempfehlungen an die Europäische Kommission und Prüfungswünsche an den Europäischen Gerichtshof. Das politische Signal des Europaparlaments war eindeutig: so nicht!

Ähnlich waren die Reaktionen im machtbewußten US-Kongreß, der Präsident Bill Clinton mit parteiübergreifender, großer Mehrheit die Erlaubnis für ein Fast-Track-Verfahren verweigerte, das es der US-Administration erlaubt hätte, den Vertrag in allen Details fertig zu verhandeln und erst zum Schluß das Gesamtpaket des MAI zur Abstimmung dem US-Parlament vorzulegen.

Die kanadische Regierung versprach ihrem Parlament laufende Unterrichtung und Beachtung aller 17 Empfehlungen des Standing Committee on Foreign Affairs and International Trade vom Dezember 1997.

In Frankreich begann eine vehemente öffentliche Debatte, die stark von den Kulturkongressen gegen das MAI geprägt war. Die neue französische Regierung unter Lionel Jospin formulierte umfassende Änderungswünsche vor allem auf dem Kultursektor und wurde dabei von einer sehr breiten, parteiübergreifenden Mehrheit in der Nationalversammlung getragen.

Österreichs Bundeskanzler Rudolf Klima stoppte kurz entschlossen seinen Handelsminister vor der OECD-Ministerratstagung im April 1998, auf der das MAI eigentlich endgültig beschlossen werden sollte.

In Deutschland dagegen war es zunächst ruhig ums MAI: Der Bundeswirtschaftsminister unterrichtete – trotz mehrerer Anfragen der SPD-Bundestagsfraktion und eines parteilosen Abgeordneten – den Bundestag und seinen zuständigen Ausschuß für Wirtschaft nur unvollständig und zögerlich (der erste Bericht an den Wirtschaftsausschuß enthielt knapp eineinhalb Seiten Inhalt!). Erst nach mehrfachen Vorstößen der SPD, die mit umfangreichen schriftlichen Fragenkatalogen auf eine umfassende Unterrichtung über Inhalt des MAI und die Verhandlungspositionen der Bundesregierung drängte, wurde schließlich der aktuelle Text des Vertragsentwurfs in englischer Sprache übergeben. Eine Übersetzung in deutscher Sprache wurde monatelang aus Kostengründen (!) abgelehnt, schließlich nach förmlichen Anträgen von SPD, Bündnis 90/Die Grünen und PDS doch zugestanden und Anfang Mai ausgewählten Mitgliedern des Wirtschaftsausschusses zugeleitet. Seit dem 10. 6. 1998 liegt die deutsche Übersetzung als Ausschußdrucksachennummer 747/13 den Mitgliedern des Wirtschaftsausschusses vor. Eine breite Unterrichtung der Öffentlichkeit zum Beispiel über eine Drucklegung des Dokuments oder wenigstens eine Hinterlegung unter der Internet-Adresse des Bundeswirtschaftsministeriums ist weder vorhanden noch absehbar.

Im Gegensatz zu den Regierungen der USA und Kanadas zieht sich die Bundesregierung auf ihr Exekutiv-Privileg zurück, nach dem sie internationale Verträge vertragsreif zu Ende verhandeln darf und erst das fertige Vertragswerk den Verfassungsorganen Bundestag und Bundesrat zur Beratung und Abstimmung vorlegen muß.

Erst nachdem der SPD-Fraktionsvorsitzende Rudolf Scharping in einem förmlichen Brief an Bundeskanzler Helmut Kohl und den Fraktionsvorsitzenden der CDU/CSU-Fraktion, Dr. Wolfgang Schäuble, klargemacht hatte, daß Bedeutung, Reichweite und Komplexität des MAI-Vertrages eine angemessene Unterrichtung und Beratung im Bundestag erforderten, war die Bundesregierung zu einem Entgegenkommen bereit und begann die lang eingeforderten Informationen zu liefern.

IV. Die Neuartigkeit und Komplexität des MAI-Entwurfs

Das MAI ist ohne Zweifel nicht bloß eine »Kodifizierung und Zusammenfassung bestehender und bewährter Instrumente der OECD und einer Vielzahl bilateraler Investitionsschutzverträge zu einem einheitlichen Abkommen«.[12] Es sollte nach dem Willen der Verfasser vielmehr ein ehrgeiziges, weit über alle bestehenden Abkommen und Kodizes – auch über das NAFTA und die EU-Verträge – hinausgehendes, rechtlich bindendes Regelungswerk werden mit dem Ziel einer sehr weitgehenden Wirtschaftsliberalisierung und eines sehr hohen Schutzes ausländischer Investitionen vor staatlichen Auflagen und Reglementierungen.

Während alle bisherigen internationalen Handels- und Investitionsverträge genau umrissene Wirtschaftsaktivitäten und -sektoren regeln und sich die Staaten zu präzise beschriebenen Maßnahmen oder Prozeduren verpflichteten, liegt dem MAI ein **Top-Down-Konzept** zugrunde: Die Bestimmungen gelten automatisch für alle Maßnahmen und alle Sektoren, sofern ein Land zum Zeitpunkt seines Eintritts nicht spezifische Ausnahmen formuliert. Untersagt sind alle Ausnahmen (die zudem notifiziert werden müssen), die systeminhärente Elemente des Abkommens wie den Investitionsschutz und die Streitschlichtungsregeln betreffen. Alle OECD-Länder haben derzeit Ausnahmelisten eingereicht. Verstärkt wird dieser Ansatz noch durch das Status-Quo-Prinzip (Standstill), das die Einführung neuer Beschränkungen untersagt.

Nach dem bisherigen Verhandlungsstand, dem die Bundesregierung insoweit zugestimmt hat, ist der Vertrag ausdrücklich nicht auf den **kommerziellen Sektor** beschränkt, sondern umfaßt auch **alle öffentlichen Aktivitäten**, wirtschaftsorientiert oder nicht, mit Ausnahme der nationalen Sicherheit und der inneren Ordnung (d. h. einschließlich des kommerziellen Bereichs der Waffenkäufe), der Steuererhebung und der Sozialversicherung. Das Erbringen

[12] Wie das Bundeswirtschaftsministerium in seinen anfänglichen Stellungnahmen 1997 erklärte.

von sozialen Diensten, Gesundheitsleistungen und Bildung sowie in Deutschland klassischer kommunaler Bereiche wie Abfallbeseitigung, Wasser- und Elektrizitätsversorgung, Nahverkehr etc. ist automatisch einbezogen, wenn nicht ausdrücklich als Ausnahme angemeldet und notifiziert.

Die Bundesregierung hat bisher keinen dieser Bereiche als Ausnahme angemeldet – im Gegensatz zu Kanada und den USA.

Der Begriff »Investition« erstreckt sich sowohl auf Direktinvestitionen als auch auf Portfolioinvestitionen, materielle und immaterielle Vermögenswerte, Forderungen und sonstige Aktiva wie Regierungskonzessionen und -lizenzen, das Recht auf Zugang zu natürlichen Ressourcen und das Recht auf Regierungsaufträge, aber auch auf Rechte am geistigen Eigentum. Dies gilt »unabhängig davon, ob das investierende Unternehmen mit oder ohne Erwerbscharakter ausgestattet ist und sich in Privat- oder Staatseigentum befindet oder unter staatlicher Kontrolle steht«, Investor ist eine »natürliche Person oder eine juristische Person oder jede andere Rechtspersönlichkeit ... unabhängig davon, ob sie Erwerbscharakter hat oder nicht, ob sie sich in Staatsbesitz befindet oder unter staatlicher Kontrolle steht, ...«

- Der Schutz umfaßt im Gegensatz zu früheren bilateralen Abkommen, die nur die Phase nach der Investition schützten, **alle Phasen** des Investitionszyklus.
- Das MAI bindet **alle Regierungsebenen**, d. h. es bindet die Bundesstaaten und ausdrücklich auch Landes-, Provinz- und die kommunale Ebene.
- Das MAI ist allumfassend und greift damit auch bei wirtschaftlichen Aktivitäten ein, die bereits in anderen internationalen Verträgen wie dem Berner Urheberrechtsvertrag verbindlich geregelt sind.
- Das MAI zitiert zwar in der Präambel bestehende internationale Umweltverträge und soziale Mindeststandards der Internationalen Arbeitsorganisation (ILO), diese haben aber keine rechtliche Verbindlichkeit und sind deswegen in der Präambel plaziert.

Angesichts der Neuartigkeit und der Komplexität des MAI sind derzeit seine Konsequenzen für die bestehenden Wirtschafts- und Sozialordnungen und ihre möglichen Entwicklungsrichtungen nicht umfassend überschaubar.

V. Die Auswirkungen auf die Souveränität der Nationen und ihre künftigen wirtschaftlichen, politischen und sozialen Gestaltungsmöglichkeiten

Durch seinen Top-Down-Ansatz, die äußerst weite Fassung der Begriffe Investor und Investition, die 20jährige Bindungsdauer sowie die verbindliche Schiedsgerichtsbarkeit wird weit in die bestehenden staatlichen Ordnungen eingegriffen. Die ausländischen Investoren haben, anders als Inländer, das Wahlrecht, ob sie ihre Ansprüche vor den ordentlichen Gerichten des Gastlandes oder einem Schiedsgericht geltend machen wollen.

Im Gegensatz zur ordentlichen Gerichtsbarkeit aller demokratischen Staaten tagen die Schiedsgerichte geheim, die Schriftsätze und Akten sind vertraulich und Dritten nicht zugänglich – das Gleiche gilt für ihre Urteile und Urteilsbegründungen. Unternehmen haben das Recht, gegen Staaten zu klagen, auch ohne Zustimmung bzw. gegen den Willen ihres eigenen Landes. Betroffene Dritte oder interessierte Gruppen haben keine Einsichts- und Informationsrechte, selbst Parlamente nicht. Gleichwohl sind diese Urteile bindend. Gegen sie gibt es keine Berufungsmöglichkeit. Das ist ein Rückfall in vordemokratisches Recht.

Das Europäische Parlament hat nicht zuletzt unter dem Eindruck dieser Bestimmung den Europäischen Gerichtshof (EUGH) um Prüfung und Bewertung des MAI gebeten. Ein ähnliches Ersuchen des Deutschen Bundestages an Experten und die höchsten deutschen Gerichte wäre meines Erachtens hilfreich und angemessen.

Klar erkennbar ist, daß mit dem MAI das **Grundgesetz** einer einheitlichen globalen Wirtschaft geschrieben werden sollte, bei dem die Entwicklungsrichtung deutlich vorgegeben ist: eine liberalistische globale Wirtschaftsordnung mit größtmöglicher Freiheit für den Investor und die Realisierung seiner Gewinnmöglichkeiten.

Selbst Wirtschaftsordnung und staatliche Ordnung der Vereinigten Staaten von Amerika und der NAFTA-Vertrag enthalten für die Architekten des MAI-Abkommens offensichtlich noch zu viele interventionistische Elemente, sonst hätten die USA nicht derart zahlreiche Ausnahmen für ihre Wirtschaft und Handlungsmöglichkeiten ihrer Bundesstaaten und Städte angemeldet.

Diese Eingriffe in die Souveränitätsrechte und künftigen Geltungsrechte haben nicht nur Parlamentarier gegen den vorliegenden MAI-Entwurf aufgebracht.

Jeder mit der Materie einigermaßen Vertraute weiß, daß es keinen abstrakten Sachzwang der Globalisierung gibt, dem die Politik ohnmächtig ausgeliefert ist – zumindest nicht die größerer Staaten. Den Schwachen bleibt häufig genug nur die Wahl zwischen weitgehender Anpassung oder Marginalisierung. Im Gegenteil, die bestehende Weltwirtschaftsordnung der westlichen Hemisphäre mit all ihren Institutionen, der Internationale Währungsfond, die Weltbank, die OECD, aber auch die EU und ihre Vorläuferorganisationen waren keine naturwüchsigen oder gar Zufallsereignisse, sondern haben sich aus geplanten, von politischer Zustimmung getragenen Prozessen entwickelt, deren Ziel die Erweiterung von Märkten, die Ausweitung von Finanzierungsspielräumen und Krisenvermeidung, aber auch wesentlich die Verbesserung des Lebensstandards und der Wohlfahrt der Völker der beteiligten Staaten war.

Die größeren Handlungsspielräume der international agierenden Unternehmen in immer größeren geographischen Räumen waren – zumindest in den ersten 20 Jahren nach dem Zweiten Weltkrieg – flankiert durch ständig wachsende ökonomische Kooperationen auf den verschiedensten politischen Stufen und gleichzeitig durch den Aufbau einer umfassenden wirtschaftlichen und sozialen Infrastruktur und neuen politischen Stufen (z. B. die Europäische Union).

Sachzwänge sind freilich vorhanden, wenngleich nicht als Naturgesetze, sondern meist als Folge früherer Entscheidungen von Unternehmen und Politik. In der Europäischen Union sind mit den Verträgen von Maastricht, Amsterdam und besonders mit der Entscheidung für eine gemeinsame Europäische Währung wichtige Grundsatzvereinbarungen getroffen worden, die in der nunmehr sehr weitgehend zusammengewachsenen großen Volkswirtschaft EUROPA – weltweit vergleichbar nur mit der der Vereinigten Staaten von Amerika – Anpassungszwänge mit sich bringen, wie eine gewisse Harmonisierung der Steuern.

Das MAI – einmal verabschiedet – wird die Handlungsmöglichkeiten der Staaten, ihrer Bundesländer und Regionen, ihrer Städte, Non-Profit-Organisationen, aber auch der Europäischen Union als Handlungsebene massiv einschränken – auf mindestens 20 Jahre. Die Europäische Kommission besteht deswegen zu Recht auf einer generellen Ausnahmeklausel (REIO) für regionale Organisationen mit eigenständigen Rechten. Diese soll es grundsätzlich ermöglichen, für EU-Inländer vom allgemeinen Diskriminierungsverbot abzuweichen, um eine weitere Integration der Europäischen Union vorantreiben zu können.

Aber selbst, wenn eine solche REIO-Klausel von den Nicht-EU-Mitgliedern der OECD-Delegationen zugestanden würde, bleiben die künftigen Handlungsspielräume stark eingeschränkt. Eine Reihe von staatlichen Instrumenten ist nicht mehr zulässig bzw. nur mehr auf eine nicht exakt definierte Zeitspanne zugelassen, z. B. das Verbot von Auflagen und Quersubventionierung in öffentlichen Betrieben. Die künftig denkbaren Wege der Wirtschaftsordnungen reduzieren sich auf eine, freilich breite, Einbahnstraße in Richtung einer liberalen Weltwirtschaftsordnung mit einem möglichst geringen Anteil der öffentlichen Hand, der Non-Profit-Organisationen und einem geringeren öffentlichen Einfluß auf den verbleibenden Rest wie öffentliche Ordnung und soziale Sicherheit.

Nur die nationale Sicherheit, sprich Verteidigung und die Ökonomie des militärisch-industriellen Komplexes, sowie die innere Ordnung bleiben auch auf ausdrücklichen Wunsch der in der OECD tonangebenden USA definitiv aus dem Regelungswerk ausgeschlossen.

Nun ist häufig, gerade bei der Debatte in den USA und Kanada eingewandt worden, daß die MAI-Vertragssstaaten sich ihre Handlungsspielräume durch die **Ausnahmeregelungen** im MAI erhalten könnten.

Von diesen Ausnahmeregeln gibt es drei Formen:

1. **Allgemeine Ausnahmeregeln** (general exception provisions)
2. **Vorübergehende Ausnahmeregeln** (temporary safeguard provisions)
3. **Länderspezifische Ausnahmen** und **Vorbehalte** (reservations)

Allgemeine Ausnahmen sind bisher nur für den Bereich der **Nationalen Sicherheit** und zur **Aufrechterhaltung der öffentlichen Ordnung** vorgesehen. Frankreich, Kanada und eine Reihe kleinerer OECD-Staaten forderten darüber hinaus den Kultur- und Medienbereich allgemein auszunehmen – dem haben bisher die USA vehement widersprochen. Die Europäische Union besteht darauf, daß das MAI eine **Regionale Integrationsklausel** enthalten soll. Die USA brachten – auf massivem Druck des US-Kongresses – den Vorschlag ein, für die Gesetze und Vorschriften auf der Ebene der Bundesländer und der Kommunen eine Ausnahmeregel zuzulassen. Dies würde allerdings dem **Top-Down-Ansatz** des MAI diametral widersprechen.

Die **vorübergehenden Ausnahmeregeln** sollen Ländern im Falle von Zahlungsbilanzschwierigkeiten die Möglichkeit geben, vorübergehend das Recht der Investoren auf freien Kapitaltransfer einzuschränken. Darüber hinaus können die Staaten vor Unterzeichnung des Vertrages spezifische Ausnahmen anmelden. Diese werden aber nicht automatisch angenommen, sondern müssen von der Verhandlungsgruppe akzeptiert werden. Was und wieviel genehmigt wird, hängt von der Verhandlungspotenz der jeweiligen

Staaten ab. Die Liste der Ausnahmen umfaßt derzeit etwa 1600 Seiten und ist vertraulich. Während Deutschland nur neun Seiten Ausnahmen angemeldet hat (im Bereich von Unternehmenssubventionen sowie Transport zu Luft, zu Wasser und auf der Schiene), haben andere Staaten umfassende Ausnahme-Kataloge vorgelegt.

Beispielsweise meldete Kanada 80 Seiten Ausnahmen u. a. für die Sektoren Landwirtschaft, Business Services, Energie, Finanzdienstleistungen, Fischerei, Transport, Kommunikation, Regierungsfinanzen, Angelegenheiten der Ureinwohner und der Minoritäten, Soziale Dienste, Lufttransport und Automobilproduktion.

Die USA listeten insgesamt 309 Seiten Ausnahmen auf, darunter nicht nur eine lange Reihe wenig relevanter Bereiche aus den Bundesstaaten wie das Betreiben von Friedhöfen und Apotheken, Regelungen über Jagen, Fischen und Fallenstellen, Betreiben von Billardlokalen, Veranstaltung von Pferde- und Hunderennen, sondern auch für zentrale Bereiche des MAI wie die Nutzung von Land, die Besetzung von Vorständen, die Bereiche Kohle, Öl, Gas, Metalle, nicht-metallische Mineralien, Atom- und geothermische Energie, Straßen- und Wassertransporte, Luftfahrt, Fischerei, Abfallmanagement, Finanzdienstleistungen, Zeitungen, Kabelfernsehen, Rundfunk, Telekommunikation, soziale Dienste, Regierungsaufträge und »alle existierenden nonkonformen Maßnahmen aller Staaten und Kommunen« sowie Bundesdarlehen und -garantien, -zuschüsse und -subventionen.

Wie viele von diesen Ausnahmen in den Vertragstext aufgenommen werden, ist noch offen und letztlich Verhandlungssache. Bis jetzt zeigt eine erste Durchsicht jedenfalls eine starke Ungleichgewichtigkeit zugunsten der nordamerikanischen Staaten. Darüber hinaus bedeutet auch die Verankerung der **Reservations** nicht, daß sie ein für allemal abgesichert wären. Sie unterliegen vielmehr einer periodischen Überprüfung mit dem Ziel der Beseitigung oder Abmilderung. Es hängt stark von ihrer Formulierung ab, ob z. B. öffentliche Institutionen oder Non-Profit-Organisationen weiterhin soziale Dienste ohne Kompensationen für betroffene ausländische Investoren oder Regierungen in vollem Umfang durchführen können.[13]

VI. Die Geltungsdauer und die Revisionsmöglichkeiten des Vertrages

Ebenso neu ist die Länge der Geltungsdauer des MAI-Vertrages. Während die NAFTA-Staaten in ca. 1 ½ Jahren aus ihren vertraglichen Pflichten entlassen werden können, dauert es beim MAI mindestens 20 Jahre: die Kündigungsfrist beträgt fünf Jahre, die weitere Geltungsdauer noch 15 Jahre. D. h. mindestens fünf volle Legislaturperioden kann weder die Richtung der einmal eingeschlagenen Ordnung noch die Fülle der detaillierten Regelungen geändert werden, es sei denn es herrscht Einstimmigkeit aller Vertragspartner. Eine derartige Inflexibilität, die auf einer Weitergeltung des Vertrages besteht, selbst wenn sich die Rahmenbedingungen weitgehend geändert haben, ist unsinnig und unhaltbar.

VII. Die Verteilung der Rechte und Pflichten auf die unterschiedlichen Akteure

Während alle öffentlichen, halbstaatlichen und Non-Profit-Organisationen deutlich an Handlungsspielräumen verlieren, gewinnen die multinationalen Unternehmen weite zusätzliche Handlungsspielräume, neue Geschäftsfelder in Bereichen, die zumindest in Europa bisher in öffentlicher oder Non-Profit-Verantwortung lagen. Viele traditionelle Instrumente und öffentliche Auflagen, die im Austausch gegen Investitionsrechte vergeben wurden wie die

[13] siehe Appleton Associates, International Lawyers, N.Y./Toronto »Reservations to the Proposed Multilateral Agreement on Investment« der kanadischen Regierung, November 1997

Pflicht zur regionalen Beschäftigung und Ausbildung, die Heranbildung einheimischen Personals für Schlüsselqualifikationen und vieles mehr sind im Vertrag expressis verbis verboten.

Der Staat kann durch Auflagen nicht mehr fordern, er darf nur mehr mit materiellen Anreizen oder Begünstigungen ein von ihm erwünschtes Verhalten fördern.

Bisher war die Frage der Auswahl öffentlicher Instrumente bzw. der Mischung von Verboten und Anreizen allein Sache der Zweckmäßigkeit und der politischen Willensbildung, die sich ja gelegentlich durch Wahlen ändert.

Mit der Verabschiedung des MAI in der vorliegenden Fassung würden die Gewichte entscheidend – und das für mindestens 20 Jahre – vom öffentlichen Sektor und Non-Profit-Bereich auf den kommerziellen Sektor verlagert.

Das MAI enthält zusätzlich die Möglichkeit – auch das ist völlig neu im internationalen Vertragswesen – zur Vorbereitung von Investitionen und während des ganzen Investitionsablaufes Schlüsselpersonal, d. h. Direktoren, leitende Angestellte und Fachkräfte für einen festgesetzten Mindestzeitraum (z. B. ein Jahr) mit ihren Ehepartnern und minderjährigen Kindern anreisen und arbeiten zu lassen. Arbeitsmarktgründe, Tests oder sonstige mengenmäßige Beschränkungen solcher Arbeitsimmigrationen sind für die Direktoren, Manager oder Fachkräfte nach dem Vertragstext nicht zulässig. Will ein Staat Arbeitsmarktgründe berücksichtigen, muß er andere Gründe vorschieben.

Bereits eine erste kursorische Prüfung des MAI zeigt, daß den ausländischen Investoren eine Fülle zusätzlicher Rechte eingeräumt wird, die im Gegensatz zu allen früheren Verträgen von den Unternehmen eingeklagt werden können.

Durch das im Abkommen vorgesehene Schlichtungsverfahren wird den Investoren ein Instrument an die Hand gegeben, mit dem sie ihre Interessen gegenüber den Regierungen in einem bisher nicht gekannten Umfang durchsetzen können. Das gilt auch bei einer Fülle von sehr unklaren Bestimmungen wie der **de-facto-**

Diskriminierung und der **indirekten Enteignung**. Wird zum Beispiel ein ausländischer Investor von einem Umwelt- oder Gesundheitsgesetz in besonderer Weise betroffen, kann er das Gastland auf Diskriminierung verklagen. Dies gilt auch bei staatlichen Maßnahmen, die die **Gewinnerwartungen** eines ausländischen Investors schmälern, weil sie als indirekte Enteignung interpretiert werden und für den betreffenden Staat Kompensationsforderungen nach sich ziehen könnten.[14]

Umgekehrt ist **kein internationales Wettbewerbsrecht** vorgesehen, das Staaten die Möglichkeit gibt, gegen exzessive Preise, internationale Kartellabsprachen und sonstige Ausnutzung von Monopolstellungen vorzugehen wie im Falle Microsoft.

Ebensowenig existiert ein **internationales Haftungsrecht**, mit dessen Hilfe ausländische Unternehmen für gesundheitliche, ökologische oder sonstige Schäden haftbar gemacht werden können. Die Betroffenen haben in einem solchen Fall keine Möglichkeit, in den Streitschlichtungsverfahren des MAI auch nur als Dritte beteiligt zu werden, rechtliches Gehör zu finden, geschweige denn die **Fairneß** des Verfahrens, der Experten und der Urteilsbegründung nachvollziehen zu können. Eine Berufungsmöglichkeit gibt es nicht.

Im Einzelfall kann es sogar zu einer **Besserstellung des ausländischen Investors** gegenüber inländischen Mitbewerbern kommen. Dies wäre zum Beispiel beim geistigen Eigentum der Fall: In Deutschland haben beispielsweise Schriftsteller und Künstler deutlich längere Verwertungsrechte als in den USA. Ein US-Unternehmen kann also auf dem deutschen Markt für sich die besseren Verwertungsrechte in Anspruch nehmen, dem deutschen Schriftsteller stehen aber nur die sehr viel geringeren Rechte in den USA zu.

Der Verweis darauf, daß im MAI-Anhang die »Leitsätze der OECD für multinationale Unternehmen« aufgeführt werden sol-

[14] vgl. dazu Canada and the Multilateral Agreement on Investment, Third Report of the Standing Committee on Foreign Affairs and International Trade, House of Commons, Canada, Dezember 1997

len, ändert an der Tatsache der Ungleichgewichtigkeit der Akteure bzw. einer deutlichen Verschiebung der Gewichte zugunsten der multinationalen ausländischen Unternehmen nichts, denn

- die Leitsätze sind **nur Hinweise** für verantwortungsbewußtes Verhalten in den Gastländern, auch wenn sie sich auf vielfältige Aspekte wie Rechnungslegung, Besteuerung, Wettbewerb, Beschäftigung, Arbeitnehmer-/Arbeitgeber-Beziehungen und Schutz der Umwelt beziehen;
- sie haben **keine Rechtskraft**, sondern spiegeln nur die Erwartungen der Regierungen an das Verhalten der Unternehmen wider;
- sie sind zudem in vielen Punkten so **vage**, daß ein Ausschuß der OECD für Internationale Investitionen und Multinationale Unternehmen (CIME) damit betraut ist, auf Anfrage der Regierungen oder Sozialpartner die Anwendung der Leitsätze zu präzisieren.[15]

VIII. Die Dominanz kommerzieller Ziele

Die Diskussion in den angelsächsischen Ländern und in den Umwelt- und Dritte-Welt-Bewegungen hat sich in einem nicht geringen Maß auf die Fragen der Auswirkungen auf die nationale Souveränität und dort vor allem auf die Umweltgesetzgebungen und ihre künftigen Handlungsspielräume konzentriert. Man wollte zu Recht einen Wettlauf nach unten (race to the bottom) verhindern. Für die Architekten des Vertrages waren aber nur der Schutz der ausländischen Investoren, ihre Nicht-Diskriminierung gegenüber inländischen Mitbewerbern und die ungestörte Verwertung der Investitionen über alle Phasen hinweg wesentliche Vertragsziele. Alles andere war und ist nur **Beiwerk ohne bindende Wirkung**. Es handelt sich um Deklarationen ohne Umsetzungsmöglichkeit. Von

[15] Siehe dazu R. Geiger, a.a.O.

daher sollen sie auch – mit mehr oder weniger umfassenden Formulierungen – entweder in der Präambel oder im Anhang des Abkommens ihren Platz finden.

Dabei ist es sicher bedeutsam, daß zum ersten Mal in einem internationalen Wirtschaftsabkommen auf die sozialen Mindeststandards der Internationalen Arbeitsorganisation (ILO) Bezug genommen werden soll. Verbindlich aber sind sie nicht.

Doch auch wenn sie es wären, einen tatsächlichen Fortschritt für die OECD-Länder stellte dies nicht dar, denn in allen OECD-Staaten sind die sozialen Mindeststandards wie das Verbot ausbeuterischer Formen von Kinderarbeit, Vereinigungsfreiheit, Organisations- und Tarifverhandlungsrecht, Verbot der Lohnsklaverei und Verbot von Diskriminierung nach Rasse und Geschlecht längst Gesetz. Es gelten weit höhere Standards seit mehr als einem halben Jahrhundert.

Der Bezug auf die internationalen Umweltabkommen ist ebenso schwach wie unverbindlich in der Präambel des MAI verankert. Es bindet keinen Investor. Die deklaratorische Verpflichtung ist vage und nicht einklagbar.

IX. Die Kontroverse um das Verbot extraterritorialer Sanktionsmaßnahmen im MAI

Die Europäische Union und Kanada haben einen weiteren Punkt eingebracht, an dem das MAI endgültig scheitern könnte: ihr Verlangen nach der Verankerung eines Verbots extraterritorialer Sanktionsmaßnahmen gegen Investoren und Investitionen in Drittstaaten im MAI-Vertragstext. Diese Forderung ist direkt gegen die Helms-Burton- und d'Amato-Gesetzgebung des US-Kongresses gerichtet, die Sanktionsmaßnahmen und Boykotte gegen jene ausländischen Unternehmen vorsieht, die in angeblich völkerrechtswidrig enteignetes Vermögen von US-Bürgern in Kuba, Libyen oder im Iran investieren. Verschärft hat sich diese Kontroverse in jüngster Zeit noch durch die Beschlüsse der Stadt New York gegen Schweizer Banken. Es ist aber für die MAI-Vertragsstaaten schwerlich einzusehen, warum sie im Streitfall sich einer internationalen Schiedsgerichtsbarkeit unterwerfen sollen, während die USA auch in Zukunft das Recht extraterritorialer, nationaler Gesetze für sich beanspruchen – auch gegen Drittstaaten oder deren Bürger.[16]

X. Der Ausschluss der Entwicklungsländer

Durch die Verlagerung der Verhandlungen über ein multilaterales Investitionsrecht von der WTO in die OECD sitzen die Entwicklungsländer nicht mehr mit am Verhandlungstisch. Sie dürfen sich zwar später – wenn sie wollen – dem MAI anschließen, aber sie können weder die Richtung des Abkommens noch seine Architektur und Vertragsmodalitäten beeinflussen und so auch keine Sonderregelungen für die Entwicklungsländer durchsetzen. Sollte es keine Klausel für Regionale Organisationen geben, bleibt ausgerechnet den ärmsten Ländern ein Instrument versagt, das andere Weltwirtschaftsregionen wie die USA und die Europäische Union mit großem Erfolg in ihrer Wirtschaftsentwicklung genutzt haben. So konnten z. B. im Weltmaßstab kleine und mittlere Unternehmen anfangs auf dem europäischen Binnenmarkt Produktionsmengen absetzen, die erhebliche Kostenminderungen erlaubten und sich schrittweise auf den Wettbewerb der Weltmärkte vorbereiten.

Die Ökonomien der Entwicklungsländer haben eine solche Entwicklungsstufe noch nicht erreicht, sieht man von den südostasiatischen Tigerstaaten ab, die ihre Erfolge aber nicht durch

[16] vgl. United States Trade Representative (USTR), Fact Sheet, Washington, März 1998, S. 8

wirtschaftsliberale Politik, sondern klassische Industriepolitik erreichten. Eine schnelle unbeschränkte Öffnung ihrer Investitionsmärkte für ausländische Investoren würde einheimische Unternehmen, meistens kleine und mittlere Unternehmen, der ungeschützten Konkurrenz und der Übernahme durch große multinationale Unternehmen aussetzen. Da in diesen Ländern ein wirksames Wettbewerbsrecht fehlt, ist absehbar, wann es zu Monopolstellungen und ihrem Mißbrauch kommt.

Zudem sind die Entwicklungsländer häufig nicht in der Verhandlungsposition bei marktbeherrschenden exportierenden Unternehmen mit erheblichen Auswirkungen auf den regionalen Arbeitsmarkt, Wettbewerbsinstrumente faktisch durchzusetzen, die in den Industriestaaten durchaus wirksam sind. Im Zweifelsfall werden sie die einzigen Instrumente anwenden, die ihnen das MAI offenläßt: Subventionen und andere geldwerte Anreize für ausländische Investoren, denn Auflagen und Vorschriften sind ihnen laut MAI verboten. Subventionen aber kosten viel Geld. Dieses haben die Entwicklungsländer nicht oder müßten es prioritär in das Erziehungs- und Gesundheitswesen oder die Verkehrs- und kommunale Infrastruktur investieren, wenn sie je die Chance bekommen wollen, zu den Industrienationen etwas aufzuschließen.

Als einzige Alternative bleibt, angebliche oder tatsächliche Investitionshemmnisse abzubauen. Dies sind nach Ansicht der Investoren in erster Linie soziale, arbeitsrechtliche und umweltpolitische Auflagen und Standards. Zwar wendet sich der Vertrag ausdrücklich gegen einen Anpassungswettlauf nach unten bzw. gegen einen Verzicht auf die Einführung höherer Standards und neuer Regeln, aber es gibt im MAI kein wirksames Instrument dagegen.

Der Ärger der Entwicklungsländer ist daher verständlich. Verzichtet aber ein Entwicklungsland auf den Beitritt zum fertig verhandelten MAI-Abkommen, so können andere, die sich dem Abkommen unterwerfen, vermehrt ausländische Direktinvestitionen an sich ziehen – eine politisch-ökonomische Zwickmühle der besonderen Art.

XI. Perspektiven und Handlungsmöglichkeiten

Der Entwurf hat weltweit viel Kritik hervorgerufen, Parlamente verärgert und Emotionen aufgerührt – nicht zu Unrecht. Eine der Hauptursachen war dabei die fehlende, ja irreführende Information der Parlamente und der Öffentlichkeit über Ausmaß, Inhalte und Konsequenzen des Vertrages für die betroffenen Nationen. Dieses Vorgehen war und ist in Demokratien unverständlich und nicht hinnehmbar. Auch internationale Wirtschaftsinstitutionen wie die OECD und die WTO müssen sich auf der **nationalen** Ebene längst selbstverständlichen Regeln beugen.

Neue **internationale** Ordnungen – ob sie nun Handel, Investitionen oder Kriminalitätsbekämpfung betreffen – werden nur dann weltweit wirksam umgesetzt werden, wenn sie von breiten Schichten und nicht bloß von kleinen **Expertenzirkeln** und unmittelbar einschlägigen Wirtschaftsinteressen getragen werden.

Deswegen ist nicht nur eine umfassende und vollständige Information der Parlamente aller staatlichen Ebenen selbstverständlich und eine breite Beteiligung des Sachverstandes von Wissenschaftlern und Experten aller Fachrichtungen dringlich, sondern auch eine umfassende Bürgerbeteiligung unabdingbar. Wer weder angemessen informiert noch einen Beteiligungsprozeß der Öffentlichkeit organisiert, darf sich nicht wundern, wenn über Inhalte des MAI spekuliert wird und manche Kritik überzogen ausfällt. US-Präsident Clinton hat für seine Regierung die Schlußfolgerung gezogen und eine grundlegende Abkehr von der bisherigen Informationspolitik zugesagt.[17]

In seiner jetzigen Fassung war und ist das MAI nicht mehrheitsfähig, ein Neubeginn der Verhandlungen ist unabweisbar. Erste Signale aus der OECD, wie der Rücktritt des bisherigen niederländischen Verhandlungsführers und die Einigung auf den Staatssekretär im Bundesministerium für Wirtschaft, Dr. Lorenz Scho-

[17] vgl. William J. Clinton, Rede vor der 50. Jahrestagung WTO/GATT, Genf 1998

merus als Nachfolger, zeigen den Willen zum Überdenken des bisherigen Weges.

Vor dem Neubeginn ist jedoch eine **umfassende öffentliche Diskussion** in den OECD-Staaten über Inhalte, Ausmaß und Entwicklungsrichtung eines neuen MAI unabdingbar und auch ein breiter Konsens darüber, was ein Multilaterales Abkommen über Investitionen regeln soll und muß, wieviel Rechte an eine neue Ebene abgetreten werden, welche Kontrollen existieren sollen und welche demokratische Repräsentanz vorgesehen ist. Die Erfahrungen aus dem Entstehen der Europäischen Union mit ihrem permanenten Demokratiedefizit zeigen, daß solche Fragen von Anfang an mitdiskutiert und eingeplant werden müssen, weil sonst ein bürokratisches Übergewicht, assistiert von den Interessen der großen Wirtschaftsverbände, unvermeidbar ist.

In dieser Debatte kann ich mir prinzipiell vier Optionen vorstellen:

Option 1
Die MAI-Verhandlungen werden als gescheitert erklärt und von der OECD eingestellt **(Null-Lösung)**.

Option 2
Ein neues MAI faßt die bestehenden, auf den kommerziellen Bereich beschränkten bilateralen Investitionsschutzabkommen (BIA) in einem einheitlichen Abkommen zusammen **(Konsolidierungslösung)**.

Option 3
Ein neues MAI – innerhalb der OECD – faßt die bestehenden bilateralen Investitionsschutzabkommen zusammen und berücksichtigt neben kommerziellen Zielen auch Sozial- und Umweltstandards, Leitlinien für multinationale Unternehmen, eine Wettbewerbsordnung und Regeln zur Vermeidung von Steuersenkungs- und Subventionswettläufen **(Neues MAI für Industrieländer)**.

Option 4
Es wird eine »Weltverfassung einer einheitlich globalen Wirtschaft innerhalb der Vereinten Nationen« entwickelt, die auch die Interessen außerhalb der OECD und insbesondere der Entwicklungsländer berücksichtigt und die Probleme einer immer enger zusammenrückenden Weltwirtschaft und ihre wechselseitige Abhängigkeit anpackt **(MAI als neue Weltwirtschaftsordnung).**

Die **Option 1** entspricht zwar den Forderungen vieler Bürgerinitiativen in den USA, Kanada und Europa, wäre aber nur eine **Scheinlösung**, weil sie die weitere Ausdehnung von bilateralen Investitionsschutzabkommen weder verhindern noch einen Schutz für die Souveränität oder die Entwicklungsmöglichkeiten kleinerer Staaten darstellen würde. In allen bilateralen Beziehungen – sowohl was das **Aushandeln** wie das **Auslegen** von Verträgen angeht – sitzt das kleinere Land immer am kürzeren Hebel. Der weltweite Wettlauf nach unten um die niedrigsten Unternehmenssteuern, die schlechtesten Umwelt- und Sozialbedingungen würde nur weiter fortgesetzt – zu Lasten der Entwicklungsländer.

Die Unternehmensseite ist auf der anderen Seite mit den bisherigen BIAs und der Unübersichtlichkeit des Patchwork nicht zufrieden.

Option 2 wäre ein neues MAI, das tatsächlich nur die bestehenden über 1 200 bilateralen Investitionsverträge in einem einheitlichen Investitionsabkommen innerhalb der OECD konsolidiert zusammenfaßt und Formulierungen findet, die aus den Erfahrungen der Vergangenheit zweideutige oder konfliktträchtige Regelungen beseitigt und die bestehenden so vereinheitlicht, daß sie als Grundlage für internationale Abkommen – gegebenenfalls auch außerhalb des OECD-Bereichs – zustimmungsfähig wären. Ein solches MAI würde sich wie bisher auf den **kommerziellen** Bereich und die eigentliche Investitionsphase beschränken. Es wäre technisch eine diffizile Arbeit der OECD-Experten. Politisch gesehen wäre eine **Harmonisierung** und Konsolidierung der bilateralen Investitionsschutzverträge eher unproblematisch und höbe diesen bisher aussschließlich Insidern bekannten, wichtigen Bereich in ein verdientes öffentliches Rampenlicht. Eine solche kleine Lösung könnte sinnvollerweise eine Variante für Entwicklungsländer enthalten, die deren spezifischen Interessen und denkbaren Konflikten besser entgegenkommt (öffentliche Auflagen, Kapitalabzug, Qualifizierung von örtlichen Fachleuten).

Option 3 – Neues MAI für Industrieländer: Berücksichtigt man die fortgeschrittene Diskussion um das MAI und die Erfahrungen, die die nordamerikanischen Staaten und Mexiko mit dem NAFTA-Abkommen gemacht haben, wäre ein MAI denkbar, das über eine Konsolidierung der BIAs hinausgeht. Um der Kritik am globalen Regelungsanspruch des bisherigen Top-Down-Ansatzes der OECD zu entgehen, wäre ein Vorgehen zu überprüfen, das auf den bisherigen Verträgen aufbaut (bottom-up), sich auf den kommerziellen Bereich beschränkt und die Existenz der bestehenden Weltwirtschaftsregionen wie die EU, NAFTA, MERCOSUR (Südliche Lateinamerikanische Wirtschaftsgemeinschaft) u. a. akzeptiert. Um der Kritik an der alleinigen Herrschaft kommerzieller Ziele entgegenzuwirken, müßte ein solches »MAI der Industrieländer« unter anderem

- die Souveränität der Staaten und ihre künftigen Handlungsmöglichkeiten nicht relevant beeinträchtigen (z. B. Vertragsdauer, Streitschlichtungsverfahren, Einigung der politischen Instrumente);
- die Rechte der Investoren deutlich eingrenzen (enger Investitions- und Investorbegriff); d. h. sich auf den **kommerziellen** Bereich beschränken und damit nicht nur die Bereiche Verteidigung und öffentliche Sicherheit, sondern auch Kultur, soziale und gemeinnützige Dienste, Bildung und öffentliche Daseinsvorsorge sowie Einwanderung- und Arbeitsmarktregelungen prinzipiell nicht dem MAI unterwerfen.
- auch die Pflichten der Investoren **verbindlich** verankern, wie
  - die OECD-Leitlinien für multinationale Unternehmen,
  - Verpflichtungen zur Einhaltung bzw. Umsetzung von Umweltstandards aus internationalen Verträgen bzw. die gelten-

den höheren Umweltgesetze der Industrieländer und
– die höheren Sozialstandards der Industrieländer;

- verbindliche Regeln für den Wettbewerb entwickeln;
- generelle Ausnahmen nicht nur für die Bereiche Verteidigung und öffentliche Ordnung festschreiben, sondern auch für regionale Wirtschaftsorganisationen und den Kulturbereich;
- die Gültigkeit der Regeln für alle Vertragsstaaten festlegen (Nichtzulassung von extraterritorialer Gesetzgebung);
- Leitlinien für Steuererhebung und Subventionsgewährung (Bandbreiten) definieren, um Steuersenkungs- und Subventionswettläufe um ausländische Direktinvestitionen zu verhindern.

Option 4, der Entwurf der »Weltverfassung einer einheitlichen globalen Wirtschaft« wäre ein anspruchsvolles, kühnes und notwendiges Unterfangen in einer Welt, in der Wirtschafts- und Währungskrisen von einer Weltregion rasch in andere übergreifen und Probleme wie die globalen Konsequenzen von Umweltverschmutzung und hohem Verbrauch natürlicher Ressourcen unübersehbar sind. Die Grundpfeiler müßten sein:

- Sicherung einer nachhaltigen Entwicklung und die schrittweise Umsetzung verbindlicher, sanktionierbarer Umweltabkommen;
- Stärkung eines möglichst schwankungsfreien, qualitativen Wachstums durch eine bessere Koordination und Kooperation der makroökonomischen Politik;
- Vermeidung von Währungskrisen und Reduzierung von Wechselkursschwankungen durch eine stärkere Regulierung der Weltkapitalmärkte;
- verbindliche Verankerung von humanitären und sozialen Rechten in allen Teilbereichen der Weltwirtschaftsordnung und die Verpflichtung aller Welt-Institutionen auf ihre Durchsetzung.

Ein Regelwerk für eine immer mehr zusammenwachsende Weltwirtschaft zu entwickeln, gemeinsame Ziele aufzustellen und sich auf Instrumente zu ihrer Umsetzung zu einigen, ist allerdings in der OECD, im »Rich Men's Club« allein, nicht zu leisten: Die Entwicklungsländer müssen von Anfang an einbezogen werden und eine faire Chance bekommen, ihre Interessen wahrzunehmen. Die bisherige Aufgabenteilung, GATT/WTO für Handel, UNCTAD für die Entwicklungsländer und die ILO für den sozialen Appell, hat wenig gebracht. Dies wurde nicht nur von Nelson Mandela auf dem 50-Jahr-Jubiläum von GATT/WTO in Genf 1998 bitter vermerkt.

In einer solchen »Verfassung einer einheitlichen globalen Wirtschaft« wäre es auch notwendig, Souveränitätsrechte abzutreten, um zum Beispiel die wirksame Durchsetzung von Umweltstandards möglich zu machen. Doch diese neuen Institutionen müßten dann auch demokratisch legitimiert und kontrolliert sein, um nicht das Mißtrauen der Völker gegen verschlossene Türen und versiegelte Akten zu züchten und zu verstärken.

Sicherlich werden in einer umfassenden öffentlichen Diskussion über das MAI noch weitere Optionen gefunden und diskutiert werden. Unsere Aufgabe ist es zunächst, eine breite Debatte anhand der deutschen Übersetzung zu beginnen, damit sich Wissenschaftler, Experten, Bürgerinitiativen, Parlamentarier aller Ebenen und die breite Öffentlichkeit ein eigenes Urteil bilden können, und eine demokratische Willensbildung zu ermöglichen. Erst danach wird eine Entscheidung im Deutschen Bundestag zu rechtfertigen sein.

Bonn, 10. August 1998

JOHN R. SAUL

Das MAI und die Demokratie

Es ist seltsam. Dieses Schweigen. Etwas geschieht. Etwas Gewaltiges. Man liest den Entwurf eines Vertrags. Man liest die Erklärungen, die seine Befürworter und Lobbyisten darlegen, und erkennt: Was hier geschieht, ist keine Kleinigkeit. Wie so oft bei Wirtschaftsgesprächen ging auch hier die Zeit bis zum Stichtag in erfreulicher Stimmung vorüber, zwei intime Jahre, in denen Fachleute und Interessengruppen in einem schier unverständlichen Dialekt, ihrem Expertendialekt, miteinander plauderten.

Das ist nicht mehr die Geheimhaltung, wie man sie kannte. Der Gesprächsinhalt als solcher wird nämlich gar nicht zurückgehalten. Er wird aber auch nicht mitgeteilt. Weil das Gespräch mit der automatischen Unterstellung einhergeht, daß alle Nicht-Experten ohnehin nichts Verwertbares mitzuteilen haben und lediglich in ihrer emotionalen, kurzsichtigen Art und Weise dazwischenreden können, bleibt diese Plauderei, dieser interne Informationstausch so diskret und lautlos. Als ginge es nur um das Hin und Her einiger Aktennotizen. Aus der Sicht des Bürgers ist so etwas von traditioneller Geheimhaltung nicht zu unterscheiden. Jeder, der nicht durch Beruf oder Organisationsstruktur mit der Sache zu tun hat, bleibt draußen. Es geht angeblich nur um das Verfahren. Eine Frage der Effizienz.

Genau so funktionieren die Kommunikationssysteme im Innern der heutigen Korporationen. Ich verwende diesen Begriff, Korporation, mit seinem vollen Bedeutungsinhalt, wie er am Ende des 19. Jahrhunderts und noch in den zwanziger und dreißiger Jahren geläufig war: Korporatismus, das Alternativmodell für die Organisation einer ganzen Gesellschaft. Statt einer Legitimität, die von einer im demokratischen Prozeß vereinigten Bürgerschaft ausgeht, bietet man uns eine Koalition von Interessengruppen, die durch den Zwang zusammenhalten wird, ihre rivalisierenden Interessen gegeneinander auszugleichen. Der Begriff des öffentlichen Interesses, da lediglich romantisch und ineffizient, hat hier keinen Platz mehr. Der Begriff der Gesellschaft als solcher fällt unter den Tisch. Die Regierung wird nur noch als eine Interessengruppe unter anderen betrachtet. Daß sie als politische Gestalt der Bürgerschaft eingerichtet wurde, bleibt unbeachtet, da schon der Begriff der Bürgerschaft zu weitgehender Bedeutungslosigkeit herabsinkt.

Und so haben die heutigen Korporationen nun zwei Jahre lang gearbeitet: die Manager der Staatsunternehmen; die Manager der Privatwirtschaft; die »Denkfabriken«, die von Interessengruppen dafür bezahlt werden, über deren Interessen nachzudenken; die Berater, die ihrem Auftraggeber den Rat geben, den er hören will; und schließlich folgsame, verängstigte Politiker. Bis zu ihrem selbstgesetzten Schlußtermin, dem 27. April 1998.

Der große Tag verging, und der Termin wurde nicht eingehalten. Unter den beteiligten Korporationen herrschte eine derartige Konfusion, daß die Gespräche für sechs Monate auf Eis gelegt wurden. Eine Ersatzstrategie, irgendein Plan B, war nicht vorgesehen.

Eine Angelegenheit von hohem öffentlichen Interesse, für Gegner wie Verfechter der Sache, mußte einen schweren Rückschlag hinnehmen. Wer jedoch am 28. April die Zeitungen las oder die Fernsehnachrichten verfolgte, erhielt kaum einen Hinweis auf den – sicher nur zeitweiligen – Untergang des MAI. In Kanada und in Frankreich, wo der Protest gegen den Vertrag besonders stark war, wurde das Ereignis immerhin erwähnt. Auch hier nicht gerade ausführlich. Die Nachricht wurde tief im Innern der Zeitung versteckt, zumeist im Wirtschaftsteil, nur wenige Absätze über einen vorübergehenden Stillstand in einem Prozeß, der früher oder später unausweichlich, unvermeidlich wieder einsetzen würde. Dieses allgemeine Schweigen war deshalb möglich, weil es in den vorhergehenden zwei Jahren keinerlei öffentliche Diskussion über den Vertrag gegeben hatte. Ich habe im Frühjahr 1998 oft vor großem Publikum und mit Journalisten gesprochen, in Norditalien, in Wien, München, London und Oxford, und fand jedesmal nur eine Handvoll Menschen, die vom MAI wenigstens schon einmal gehört hatten. Selbst im höheren Management vieler Unternehmen wußten nur sehr wenige davon: Es war ihnen irgendwie entgangen. Erst im Juli 1998 wurde dem Deutschen Bundestag eine Übersetzung des Vertrags zugänglich gemacht. Tatsächlich kam der Text durch ein Informationsleck in Kanada erstmals 1997 an die Öffentlichkeit und verbreitete sich dann weltweit durch die Aktivitäten der Vertragsgegner im Internet. Aber auch dann blieben die verantwortlichen Eliten ohne Reaktion.

Warum? Weil das MAI immer behandelt wurde als nur ein weiterer Schritt in eine Richtung, die als ganz normal angesehen wird. Was ist es aber, was wir hier als Normalität akzeptieren sollen? Die Unvermeidlichkeit der Führungsrolle der Wirtschaft, ihres Vorrangs vor der Gesellschaft und die systematische Fortschreibung dieser Rolle auch auf internationaler Ebene.

Auch der Generalsekretär der OECD wird nicht müde zu betonen, es handle sich hier »nur um einen bescheidenen ersten Schritt«, und spricht einvernehmlich mit anderen Verfechtern in tönenden, aber unscharfen Formulierungen von den wohltätigen Wirkungen der internationalen Wirtschaftsentwicklung für alle und jeden.

Und doch: Als Mr. Johnson im Mai 1998 öffentlich zum Stillstand der MAI-Gespräche befragt wurde, warf er in erregten Worten den Vertragsgegnern ihre Ignoranz vor. Sie seien allesamt Opfer einer »Fehlinformation« (›International Herald Tribune‹, 5. Februar 1998). Dabei vermied er sorgfältig jede Diskussion darüber, was denn nun die zutreffende Information wäre. Das Eingeständnis des zeitweiligen Scheiterns der OECD hatte allein mit Außenwirkung und Public Relations zu tun. »Es ist klar«, sagte Mr. Johnson Ende April, »daß wir eine Strategie für Information, Kommunikation und Erläuterung brauchen« (›Globe and Mail‹, 29. April 1998).

Wir müssen genau hinhören: Er sagte nicht, daß man informieren, etwas mitteilen oder erklären müßte. Man brauche vielmehr eine Strategie. Etwas, womit sich eine Diskussion vermeiden läßt, indem man die Tagesordnung der Öffentlichkeit selbst bestimmt. Und was wird die Aussage einer derartigen Strategie sein? Na, was schon: natürlich wieder die Normalität. Wohlstand, Minimalismus und Unvermeidlichkeit. Warum wird das »Normalität« genannt? Ganz einfach: Jeder vernünftige Mensch wird, ja er muß dem neuen Internationalismus zustimmen. Wohlstand? Ein solches Abkommen kann gar nichts anderes bringen als Wohlstand. Minimalismus? In den Worten von Mr. Johnson ist das MAI nur »ein Versuch, regelgesteuerte Systeme einzurichten«, indem man 1600 bilaterale Investitionsabkommen auf einen einzigen Vertrag reduziert (›Globe and Mail‹, 26. Mai 1998). Unvermeidlichkeit? Ganz klar, die Macht der Globalisierung ist unaufhaltsam. Aus diesem Grund brauchen wir einen Vertrag, der diese Marktkräfte in die passende Form bringt.

Eine Variante dieser »Kommunikationsstrategie« wird im Jahr 1999 auf uns zukommen, als Bestandteil eines ganz neuen MAI-Entwurfs. Bis dahin werden die Weichzeichner an der juristischen Sprachregelung hart und unermüdlich arbeiten, um den Vertrag in die denkbar fürsorglichste Terminologie einzubetten. Bevor das eintritt, lohnt es sich, die tatsächlichen Zwecke des Abkommens mit Aufmerksamkeit zu betrachten. Seine Befürworter mögen die negative Beurteilung zurückweisen und anschwärzen , aber jedenfalls bis jetzt waren sie unwillig oder unfähig zu einer präzisen Erläuterung, was an den ablehnenden Interpretationen des Abkommens eigentlich falsch sein soll. Der Grund für diese Verweigerung liegt wohl in einer Mischung aus Angst vor der öffentlichen Debatte und Verachtung für die Öffentlichkeit überhaupt. Denn über solche Wirtschaftsfragen diskutieren zu lassen, würde ja das Eingeständnis bedeuten, daß sie genau das sind: Fragen, Vorschläge, Möglichkeiten, und keine unvermeidlichen, ewigen Wahrheiten.

Der Dreh- und Angelpunkt des MAI ist ein schlichter, geradezu unauffälliger Absatz über die Inländerbehandlung für ausländische Investoren:

> »Jede Vertragspartei gewährt den Investoren einer anderen Vertragspartei und deren Kapitalanlagen eine Behandlung, die nicht weniger günstig ist als die Behandlung, die sie ... ihren eigenen Investoren und deren Kapitalanlagen in bezug auf Errichtung, Erwerb, Erweiterung, Betrieb, Verwaltung, Wartung, Verwendung, Genuß und Verkauf oder durch sonstige Verfügungen über Kapitalanlagen einräumt.«

Nun gut, warum auch nicht? Das klingt doch irgendwie fair. Aber was heißt hier »fair«? In diesem Fall heißt es: Die Bürger und ihre Regierung (was wir also Demokratie nennen) können in Zukunft nicht mehr ihre Wirtschaft zum Aufbau einer eigenen Gesellschaftsstruktur einsetzen. Anders gesagt: Wir können so viele Sozialgesetze verabschieden, wie wir wollen, aber die Mittel, sie zu bezahlen und anzuwenden, stehen uns nicht mehr zur Verfügung.

Selbstverständlich hatten wir niemals eine unbeschränkte Verfügungsgewalt. Und auch die Wirtschaft wird nicht jedem beliebigen Verlangen der Bürgerschaft nachkommen. Aber innerhalb dieser realistischen Grenzen haben die Bürger in den letzten 200 Jahren ihre Demokratien aufgebaut. Wir haben allmählich herausgefunden, wie wir die öffentliche Finanzkraft, die uns zur Verfügung steht, sinnvoll einsetzen können. Theoretisch geben wir nun einen Teil unserer Macht zurück. In Wirklichkeit aber ist ein Vertrag wie das MAI der letzte Kastrationsschnitt in die Verfügungsgewalt der Bürger über die Form des Gemeinwohls.

In Europa werden vielleicht einige sagen, das habe schon die EU getan. Aber die beiden Instanzen sind nicht vergleichbar. Erstens besteht Europa aus einer Koalition von Ländern mit vergleichbaren Sozialsystemen, Einkommen, Erwartungen und Demokratien. Europa ist nicht - wie das MAI - eine Einladung für den kleinsten gemeinsamen Nenner, eine Nivellierung auf dem niedrigstmöglichen Niveau. Zweitens enthalten die Europäischen Verträge verbindliche Sozialklauseln. Im MAI sind solche Bestimmungen unmißverständlich ausgeschaltet. Drittens: Selbst wenn Europa im Augenblick hier und da noch relative Demokratiedefizite aufweist, so bestehen gleichwohl Einrichtungen und Mechanismen, mit denen Abhilfe möglich ist. Das MAI jedoch ist zu dem Zweck entworfen, die Regierungen der demokratischen Bürgerschaft aus dem politischen Entscheidungsprozeß auszuschließen.

Der charakteristische Einwand derer, die den Vertragsentwurf gelesen haben und durch diese Lektüre zu seinen Kritikern wurden, lautet: Das MAI ist »eine Charta für ferne Großgrundbesitzer« (›Sunday Star‹, 23. November 1997). So drückt es Richard Gwyn aus, ein zuverlässiger, gemäßigter Essayist der politischen Mitte. Die in der Stadt wohnenden Landbesitzer sind heute die großen privatwirtschaftlichen Unternehmen, und ihr Grundbesitz ist das jeweilige Land ihrer Investitionen.

Man kann das MAI auch weniger personenbezogen kommentieren. Dann soll der Vertrag »Investitionsströme liberalisieren und klare Investitionsregeln für multinationale Unternehmen aufstellen«. Wenn man nun aber liest, was der Council for Investment Business in den USA dem amerikanischen Präsidenten geschrieben hat, findet man die bekannte Botschaft wieder: Beim MAI gehe es um »weltumspannende Geltung der Grundsätze des freien Marktes«, um die »maximale Liberalisierung von Investitionssystemen und einen hohen Standard des Investitionsschutzes«. »Wir sind der Überzeugung«, heißt es dort, »daß die Gesetzgebung nicht durch Sozial- und Umweltziele behindert werden sollte.« Die Autoren unterstreichen im weiteren die drohende Gefahr aller Sozialauflagen damit, daß diese die Marktbedingungen nur verzerren würden. Der ›Economist‹ sieht den Hauptgrund für einen solchen Vertrag in der Notwendigkeit, »die Hindernisse für ausländische Investitionen« in Entwicklungsländern abzubauen (14. März 1998). Aber gerade diese Länder sind weder für den Konsum noch für komplizierte Investitionen ein großer, interessanter Markt. Der ›Economist‹ meint denn auch etwas ganz anderes, nämlich den freien Zugang zu billigen Arbeitskräften und billigen Rohstoffen.

Eine Zwischenbemerkung: Jedesmal, wenn ich die verschiedenen Interpretationen, das Für und Wider des Vertragsentwurfs darlege, bin ich immer wieder erstaunt über das allgemeine

Schweigen unserer Parlamente und unserer gewählten Abgeordneten, von der Linken bis zur Rechten.

Es steht ganz außer Frage, daß das MAI den Zweck hat, praktikable Richtlinien für Unternehmen einzurichten, während es gleichzeitig die Staatsgewalt der Bürgerschaft beschränkt. Es ist mit Händen zu greifen, daß alle Vertragsaussagen zum Markt bindende Regelungen sind, wohingegen alle Aussagen zur Gesellschaft unverbindlich bleiben.

Es ist ebenso klar, daß durch diese Investitionsregelungen die Möglichkeit der Bürgerschaft, die Politik ihrer Gesellschaft selbst zu bestimmen, ernsthaft eingeschränkt wird. So muß zum Beispiel bei Privatisierungen die gesamte internationale Investorengemeinde berücksichtigt werden. Mit anderen Worten, lokale oder regionale Einrichtungen können nicht mehr vorrangig lokal oder regional privatisiert werden.

Es ist ebenfalls klar, daß der Vertragsentwurf internationalen Unternehmen gegenüber den heimischen Unternehmen einen deutlichen Vorteil verschafft. Das lokale Unternehmen ist durch die Gesetze seines Staates gebunden. Das multinationale Unternehmen dagegen kann sich auf das MAI berufen. In der internationalen Arena lag das demokratische Prinzip bis jetzt im wesentlichen begründet in den Beziehungen der Regierungen untereinander. Dieser Vertrag würde tatsächlich ein neues, das bisherige Völkerrecht überlagerndes System internationaler Beziehungen schaffen – Beziehungen zwischen Unternehmen und Regierungen, zum deutlichen Vorteil der Unternehmen.

Vor fünfzig Jahren haben wir begonnen, eine internationale Fassung der Grundrechte des Menschen zu schaffen, auch wenn die Allgemeine Erklärung der Menschenrechte noch ein juristisch unverbindliches Dokument ist. Dieses Fundament würde mit dem MAI überlagert durch eine neuartige Definition sozioökonomischer Regelungen, die das genaue Gegenteil festlegen. Und diese Festlegungen wären völkerrechtlich verbindlich.

Man könnte vielleicht einwenden, das MAI – oder wie immer es im neuen Gewand von 1999 heißen wird – sei doch nichts anderes als das letzte Teilstück im Puzzle der zahllosen Welthandelsverträge. Aber der Vertrag macht etwas ganz anderes deutlich, nämlich unsere weitgehend schweigende Hinnahme einer internationalen Verfassung, in der bindende ökonomische Regelungen Vorrang haben vor noch immer unverbindlichen und zunehmend eingeschränkten demokratischen Rechten und gesellschaftlichen Regelungen.

Wie kommt es eigentlich, daß seit 1945 auf zahlreichen Gebieten Dutzende internationaler Verträge geschlossen wurden, rechtlich bindende Abkommen sich aber immer nur auf die Belange der Wirtschaft beziehen? Wir alle, Konservative ebenso wie Liberale und Sozialdemokraten, können nur darin übereinstimmen, daß dies eine Umdefinition der gesellschaftlichen Regelungsmechanismen darstellt, an denen wir im Projekt der Demokratie in den letzten 200 Jahren gearbeitet haben. Das Gegenargument könnte lauten: In den vergangenen 50 Jahren haben die westlichen Demokratien die schlimmsten Auswüchse des Nationalstaats abgelegt und sind heute, wenn auch nicht ohne Mängel, fähig zu einigermaßen demokratischen Reaktionsweisen. Jetzt aber sollen diese Demokratiegewinne dem alten Korporatismusprojekt zuliebe abrupt zum Abfall geworfen werden. Mit einem Schlag hat sich die Gesellschaft als Ökonomie neu definiert.

Man spürt wohl, daß nichts von dem hier Gesagten ein Einwand gegen Wirtschaftsverträge ist. Allenfalls gegen die Form, die solche Verträge in den letzten Jahren annahmen. Ein verbindliches internationales Abkommen über Investitionen ist eine sehr gute Idee. Es könnte und es sollte die Errungenschaften des demokratischen Nationalstaats nicht aushöhlen, sondern auf die internationale Ebene übertragen.

Zweifellos brauchen wir – zum Beispiel für die Bereiche Arbeit, Beschäftigung oder Einkommen – international verbindliche Regelungen. Ein guter Ansatzpunkt wären adäquate Steuersätze für multinationale Unternehmen. Vor 50 Jahren brachte in den meisten Staaten der privatwirtschaftliche Sektor etwa die Hälfte der Einkommensteuer auf. Heute zahlt er im Durchschnitt weniger als zehn Prozent davon. Diese Steuerflucht oder Steuervermeidung ist der Hauptgrund für die Finanzknappheit demokratischer Regierungen.

Ein multilaterales Abkommen über Investitionen ist eine willkommene Gelegenheit, den Primat des öffentlichen Interesses, um den wir jahrhundertelang gekämpft haben, wiederherzustellen. Mit anderen Worten: Für oder gegen das MAI zu sein, heißt nicht, für oder gegen Privatwirtschaft, Großunternehmen, Welthandel und die Wirtschaft überhaupt zu sein. Es handelt sich vielmehr um die Entscheidung zwischen den zerstörerischen Kräften des Eigeninteresses und den schöpferischen Kräften des Gemeinwohls.

An sich ist jedes Eigeninteresse, ist sogar der Korporatismus durchaus in Ordnung, solange sie in ihrer dienenden, subsidiären Rolle bleiben. Aber das Eigeninteresse zur führenden Rolle für eine ganze Gesellschaft zu erheben, zwingt uns zu einer so kurzsichtigen Scheuklappenperspektive, daß es nur selbstzerstörerisch wirken kann. Die Kraft des Gemeinwohls ist ja gerade die Fähigkeit, sich über das eng Begrenzte, nur kurzfristig Gültige zu erheben. Darin liegt die Macht des Bürgers, die den Demokratien solche Stärke verliehen hat. Verträge wie das MAI entziehen uns diese Kraft mit dem Versuch, uns auf die eher niederen Triebkräfte unserer Gesellschaft zurückzuwerfen und einzuschränken. Es geht also gar nicht um diese oder jene Klausel oder Regelung. Es geht um das Gemeinwohl.

Aus dem Englischen von Fritz R. Glunk

Herausgeber und Autoren

Dr. *Fritz R. Glunk* war nach dem Studium der Geschichte und der Germanistik von 1966 bis 1981 in der Auslandskulturpolitik tätig. Zahlreiche Übersetzungen und Buchveröffentlichungen, darunter 1996 ›Der gemittelte Deutsche‹. Er ist Herausgeber des kulturpolitischen Online-Magazins ›Die Gazette‹ (www.gazette.de).

Prof. Dr. *Peter Cornelius Mayer-Tasch* lehrt Politikwissenschaft und Rechtstheorie an der Universität München und der Münchner Hochschule für Politik. Geschäftsführender Direktor des Geschwister-Scholl-Instituts und Leiter der Forschungsstelle für Politische Ökologie. Autor und Herausgeber zahlreicher Bücher, zuletzt: ›Politische Theorie des Verfassungsstaates‹ (1991), ›Altlast Recht. Wider die ökologischen Defizite unserer Rechtsordnung‹ (1992), ›Schon wieder mischen sie Beton. Lebensräume zwischen Architektur und Politik‹ (1994), ›Die Zeichen der Natur. Natursymbolik und Ganzheitserfahrung‹ (1998), ›Hinter Mauern ein Paradies. Der mittelalterliche Garten‹ (1998).

Kurt-Peter Merk, Dr. rer. pol. und Rechtsanwalt, studierte Rechtswissenschaften und Politische Wissenschaften, Wirtschaft und Sozialgeschichte, ist Lehrbeauftragter an der Hochschule für Politik München und Politikberater im Bereich Kinder- und Jugendrecht sowie Kinder- und Jugendpolitik. Er war mehrere Jahre als wissenschaftlicher Mitarbeiter und Lehrbeauftragter am Geschwister-Scholl-Institut der Universität München tätig. Veröffentlichungen u. a. in den Bereichen Politische Ökologie, Umweltpolitik sowie Internationales Recht.

Dr. *Sigrid Skarpelis-Sperk* ist seit 1980 SPD-Bundestagsabgeordnete für den Wahlkreis 243 (Ostallgäu) und Mitglied des Parteivorstandes der SPD seit 1991 sowie des Präsidiums der BayernSPD.

Sie studierte Volkswirtschaft in München und promovierte in Göttingen. Sie arbeitete in München als wissenschaftliche Assistentin am Lehrstuhl für Staatswissenschaften der Universität, der Hochschule der Bundeswehr und an der Fachhochschule für Sozialwesen. Seit der Wahl in den Deutschen Bundestag ist sie Mitglied des Wirtschaftsausschusses. Sie leitet den Unterausschuß ERP-Rahmenpläne und die provisorische Arbeitsgruppe MAI der SPD-Bundestagsfraktion und ist Mitglied der Kommission des Ältestenrats für Informations- und Kommunikationstechniken und -medien. Zahlreiche Veröffentlichungen auf den Gebieten der Finanz- und Wirtschaftspolitk, des Demographischen Wandels, der Informations- und Kommunikationspolitik.

John Ralston Saul, kanadischer Bestsellerautor und Kulturkritiker, hat am King's College in London Geschichte studiert, in Paris eine Investmentfirma geleitet und in Kanada für die Ölindustrie gearbeitet, bevor er sich ganz aufs Schreiben verlegte. In Italien erhielt er 1990 den Premio Letterario, in Frankreich wurde er 1997 zum Chevalier de l'Ordre des Arts et des Lettres ernannt.

Glossar

BIA	Bilaterales Investitionsschutzabkommen
CIME	OECD-Ausschuß für Internationale Investitionen und Multilaterale Unternehmen
EGV	Vertrag zur Gründung der Europäischen Gemeinschaft
EU	Europäische Union
EUGH	Europäischer Gerichtshof
F&E	Forschung und Entwicklung
GATS	Allgemeines Abkommen über Handel mit Dienstleistungen
GATT	Allgemeines Zoll- und Handelsabkommen
ICC	Internationale Handelskammer
ICSID	Beilegung von Investitionsstreitigkeiten zwischen Staaten und Staatsangehörigen anderer Staaten (Konvention über; International Center for the Settlement of Investment Disputes)
ILO	Internationale Arbeitsorganisation
IWF (IMF)	Internationaler Währungsfond
KSZE (heute OSZE)	Konferenz über Sicherheit und Zusammenarbeit in Europa
MERCOSUR	Südliche Lateinamerikanische Wirtschaftsgemeinschaft
NAFTA	Nordamerikanisches Freihandelsabkommen (North American Free Trade Agreement)
NGO	Nichtstaatliche Internationale Organisationen
OECD	Organisation für wirtschaftliche Zusammenarbeit und Entwicklung
REIO	Organisation zur regionalen Wirtschaftsintegration

TRIMS	(Abkommen über) handelsrechtlich relevante Investitionsmaßnahmen
TRIPS	(Abkommen über) handelsrechtlich relevante Aspekte geistiger Eigentumsrechte
UNCITRAL	UN Commission on International Trade Law
UNCTAD	Handels- und Entwicklungskonferenz der Vereinten Nationen
WTO	Welthandelsorganisation (World Trade Organization)
WWF	Worldwide Fund for Nature

Aktuelle Themen im dtv

Noam Chomsky
Wirtschaft und Gewalt
Vom Kolonialismus zur neuen Weltordnung
dtv 4665

Karin Jäckel
Der gebrauchte Mann
Abgeliebt und abgezockt – Väter nach der Trennung
dtv 15103

Dagobert Lindlau
Der Mob
Recherchen zum organisierten Verbrechen
dtv 30070

Asit Datta
Welthandel und Welthunger
dtv 30372

Liane von Billerbeck
Frank Nordhausen
Satanskinder
Der Mordfall Sandro B.
Eine sensible, erschütternde Hintergrundreportage
dtv 30582

Andrew Kimbrell
Ersatzteillager Mensch
Die Vermarktung des Körpers
dtv 30586

Martin Lell
Das Forum
Protokoll einer Gehirnwäsche
Der Psycho-Konzern Landmark Education
dtv 36021

dtv

Der Euro

Fragen und Antworten zum
neuen Europa-Geld

Herausgegeben von Winfried Münster

Mit Textbeiträgen von
Roland Bettschart, Klaus Brill, Alexander Hagelüken,
Gerhard Heidelberg, Friedrich Kassebeer,
Helmut Kerscher, Gerd Kröncke, Winfried Münster,
Andreas Oldag, Petra Prien, Claudia Specht,
Johannes Willms, Markus Zydra

Zweite, aktualisierte Ausgabe
dtv 36058

Der Euro – Tor zu neuem wirtschaftlichem Aufschwung
oder Fahrt ins Ungewisse?

Kaum ein Thema beschäftigt die Deutschen so wie die bevorstehende Europäische Währungsunion. Am 1. Januar 1999 soll es soweit sein. Eine Mehrheit der Bevölkerung ist skeptisch, will die gute Deutsche Mark lieber behalten. Renommierte Wirtschaftswissenschaftler haben sogar Klage gegen die Einführung des Euro eingereicht. Die Meinungen in den Parteien sind ebenfalls geteilt.
Dieses Buch, das auf einer Serie der Süddeutschen Zeitung basiert, beantwortet die wichtigsten Fragen. Es schildert die derzeitige Situation auf der Fahrt ins Ungewisse in Deutschland und in den anderen EU-Ländern, analysiert Pro und Contra um den Euro und liefert so Informationen, die für die Meinungsbildung wesentlich sind. Hier steht alles, was man über den Euro wissen muß.

dtv

Gerald Boxberger, Harald Klimenta

Die zehn Globalisierungslügen

Alternativen zur Allmacht des Marktes

Originalausgabe · dtv 36085
Mai 1998

Ein Mythos wird entzaubert

Die Globalisierung ist heute in aller Munde. Wenn es darum geht, Massenentlassungen und Kürzungen im Sozialetat zu rechtfertigen, wird sie gerne als unser aller unausweichliches Schicksal beschworen. Doch diese »schicksalhafte« Globalisierung der Weltmärkte ist das Ergebnis einer zielgerichteten Industrie-Politik. Die Autoren entlarven die zehn gängigsten Lügen in der aktuellen Debatte, wie z. B. »Die Globalisierung ist nicht steuerbar« oder »Hohe Löhne gefährden den Standort Deutschland«. Sie widmen sich vor allem der innerdeutschen Problematik, liefern neueste Daten und stellen mögliche politische Alternativen zur Diskussion.

Gerald Boxberger ist promovierter Volkswirt. Derzeit ist er freier Dozent und Publizist für Wirtschafts- und Sozialpolitik. *Harald Klimenta* ist Diplom-Physiker. Er ist Initiator von Seminaren und Vorträgen zum Thema Globalisierung.

dtv